어린이를 위한
비행기 세계사 100

하늘을 날고자 하는 인류의 꿈은 어떻게 발전되어왔나요?
그리고 미래의 비행기는 어떤 모습일까요?

들어가는 말

하늘을 날고자 하는 인류의 꿈은 이뤄졌어요.
미래에는 더 큰 꿈을 꾸어요.

비행기는 인류의 활동 범위를 하늘로 넓혔어요

인간은 신체의 한계 때문에 기구를 발명해서 못다 한 일을 해내요. 치타보다 빨리 달릴 수 없기 때문에 자동차를 발명했고, 물고기처럼 물속을 다닐 수 없기 때문에 배를 만들었어요. 새처럼 자유롭게 하늘을 날 수 없기 때문에 비행기를 이용해 날아올라요. 날고자 하는 꿈은 아마도 인간이 지구상에 처음 등장했을 때부터 꾸었을 거예요. 하늘을 날아가는 새를 보면서 새처럼 날고 싶다는 생각을 한 거죠. 문명과 기술이 발달하면서 나는 물체에 대한 아이디어도 구체화됐어요.

레오나르도 다빈치는 16세기에 이미 비행기와 헬리콥터를 구상했어요. 실제로 하늘을 나는 비행기는 이보다 한참 후인 1903년에 라이트 형제가 만들었어요. 100년이 넘는 오랜 시간 전이지만, 인류 역사 전체로 보면 아주 최근의 일이라고 할 수 있어요. 불가능한 일은 없어요. 다만 시간이 걸릴 뿐이에요. 라이트 형제가 비행기를 발명한 이후 비행기는 아주 빠르게 발전했어요.

그저 바라만 보던 하늘은 이제 인류의 활동 무대가 됐어요. 비행기 없는 세상은 상상하기 힘들 정도로 인류의 필수 이동수단이 됐답니다. 비행기는 우리가 주로 보는 여객기 말고도 종류가 많아요. 전투기와 헬리콥터도 있고, 최근 인기를 끄는 드론도 비행기의 한 종류에요. 더 나아가 우주로 날아가는 우주선도 있답니다.

체계적이고 흥미롭게 풀어가는 비행기의 모든 것

이 책은 비행기를 여러 각도로 바라보고 있어요. 비행기의 역사와 발달 모습은 물론 비행기의 구조와 종류 등을 알기 쉽게 설명해요. 비행기와 관련된 기록과 공항, 여행 등 주변 이야기도 함께 다뤄요.

1부에서는 비행기가 변해온 과정을 알아봐요. 과거부터 현재까지 눈으로 직접 볼 수 있는 박물관도 소개해요.

2부는 다양한 비행기를 소개해요. 전투기, 화물기, 스텔스 비행기, 헬리콥터와 드론, 인공위성과 로켓 등 하늘을 나는 것들을 모두 다뤄요.

3부는 미래의 비행기를 보여줘요. 전기로 날아가는 비행기부터 시작해서 태양광 비행기와 개인용 비행기 등 다양한 비행기가 나와요.

4부는 비행기에 얽힌 기술과 과학을 둘러봐요. 비행기를 만드는 재료, 비행기를 흉내낸 시뮬레이터, 바다 위에 뜨고 내리는 수상 비행기의 원리 등 흥미로운 상식을 알아봐요.

5부는 비행기의 몸체를 하나하나 분석해요. 한 대의 비행기는 어떤 구조로 돼 있는지 자세하게 탐구해요.

글상자
전문용어나 인물, 비행기와 관련된 상식 소개

사진과 그림
본문과 글상자의 이해를 돕는 300여 장의 비행기 관련 사진과 그림

본문
비행기에 관한 설명과 재미있는 이야기

　6부는 비행기의 세계 기록을 소개해요. 세계에서 가장 빠른 비행기와 많이 팔린 비행기 등 최초·최고기록을 세운 비행기를 만나요.

　7부는 재미있는 비행기 얘기예요. 비행기에는 몇 명이 탈 수 있는지, 대통령은 어떤 비행기를 타는지 등 흥미로운 사실과 에피소드를 소개해요.

　8부는 공항 이야기예요. 비행기를 타기 위해 꼭 거쳐야 하는 공항에 관한 재미난 이야기를 전해준답니다.

　9부는 비행기를 움직이는 사람들을 다뤄요. 조종사와 정비사, 승무원 등 비행기가 날기 위해서는 꼭 필요한 사람들이 있어요. 비행기 회사도 함께 다뤄요.

　10부는 신나는 비행기 여행을 이야기해요. 우리가 비행기로 여행할 때 모르고 지나가는 부분과 궁금한 점들을 명쾌하게 답해줄게요.

　높고 푸른 하늘은 꿈과 희망을 상징해요. 비행기 세계사에 이름을 남긴 위대한 인물들도 하늘을 꿈꾸고 비행기를 공부하며 자랐지요. 하늘을 마음껏 누비는 비행기를 공부하면 우리 자신도 모르게 꿈과 희망이 함께 커갈 거예요. 이 책이 여러분의 꿈과 희망을 키울 수 있는 멋진 비행기 여행이 되길 바라요.

2017년 4월
임유신·조문곤

 차례

들어가는 말 4

1부 비행기의 정의와 발전

대기권 안에서는 비행기가, 대기권 밖에서는 비행체가 날아다녀요 10 비행기는 어떻게 변해왔을까요? 12 라이트 형제보다 300년 앞선 우리나라 비행기 14 비행기 회사가 만드는 자동차, 자동차 회사가 만드는 비행기 16 우리나라 비행기 박물관 18 해외 비행기 박물관 20

못다 한 이야기 ① 전쟁이 일어나면 왜 비행기가 발전하나요? 22

2부 기능과 역할이 다양한 비행기들

하늘의 싸움꾼, 전투기와 폭격기 26 하늘의 짐꾼, 화물기와 수송기 28 보이지 않는 비행기, 스텔스 비행기 30 방향이 자유로운 헬리콥터 32 다재다능한 소형비행체, 드론 34 엔진이 없어도 날 수 있는 글라이더, 비행선, 열기구 36 특별한 목적으로 만들어진 군용기들 38 우리 생활에 도움을 주는 특수 임무 비행기들 40 우주를 향한 꿈, 로켓 42 지구 밖으로의 여행, 인공위성과 우주 비행사 44 별을 향해 쏘다, 우주 탐사선 46

못다 한 이야기 ② 우리나라도 우주선을 날려 보내요 48

3부 미래의 비행기

전기 비행기 52 수소 비행기 54 바이오연료 비행기 56 틸트로터기 58 하이브리드 비행기 60 태양광 비행기 62 개인용 비행 자동차(PAV) 64

못다 한 이야기 ③ 미래의 여객기는 어떤 모습일까요? 66

4부 비행기의 기술과 과학

비행기의 속도 70 비행기는 무엇으로 만들어질까요? 72 비행기의 연료통은 날개 안에 있어요 74 비행기에 있는 각종 안전 장비들 76 비행기의 평균 나이와 수명 78 비행기가 바다 위에서 뜨고 내린다고요? 80 비행기를 흉내 내는 기계, 시뮬레이터 82

못다 한 이야기 ④ 비행기 색깔은 어떻게 결정될까요? 84

5부 비행기의 구조

한눈에 보는 비행기의 구조 88 여러 가지 모양의 날개 90 제트 엔진보다 싸고 연료도 덜 소모하는 프로펠러 엔진 92 여객기는 거의 제트 엔진이에요 94 비행기의 눈, 레이더 96 비행기의 모든 움직임을 수행하는 조종석 98 조종사의 생명을 살리는 사출 좌석 100 비행기에서 가장 강한 랜딩기어 102 타이어가 22개나 붙은 비행기도 있어요 104 비행기의 다양한 불빛 106 비행기 내 화장실 108

못다 한 이야기 ⑤ 비행기 디자이너가 되려면 무엇을 해야 하나요? 110

6부 비행기의 여러 가지 세계 기록

하늘을 난 최초의 기구, 열기구 114　최초의 동력비행기, 플라이어 호 116　세계 최초의 제트기 118　세계에서 가장 빠른 비행기 120　세계에서 가장 크고 무겁고 긴 비행기 122　세계에서 가장 많이 팔린 비행기 124　세계 최초의 초음속 여객기, 콩코드 126　놀라운 비행 기록, 항공 기네스 128

못다 한 이야기 ⑥ 잊지 못할 비행기 사건들 130

7부 재미있는 비행기 이야기

비행기는 어떻게 공중에 뜰 수 있을까요? 134　하늘을 꿈꿨던 레오나르도 다 빈치 136　하늘에도 길이 있어요 138　하늘 위의 집무실, 대통령 전용기 140　비행기를 자가용처럼 타는 유명인 142　비행기는 무거운데 어떻게 하늘에 뜰까요? 144　하늘과 땅 차이의 비행기 가격 146　비행기에는 몇 명이 탈 수 있을까요? 148　비행기에서 태어난 아기의 국적 150　비행 중에 문이 열릴 확률은 거의 없어요 152　비행기에서도 인터넷이 돼요 154　역사상 가장 기괴했던 디자인의 비행기들 156　비행을 기념할 때 소방차가 비행기에 물을 뿌려요 158　수명이 다한 비행기는 어디로 가나요? 160

못다 한 이야기 ⑦ 내 맘대로 운전하는 모형 비행기의 세계 162

8부 공항 이야기

공항의 구조 166　비행기와 공항을 통제하는 관제탑 168　이륙과 착륙을 위해 꼭 필요한 활주로 170　자동화되어 있는 수하물처리시스템 172　비행기가 한 번 날 때는 얼마가 들까요? 174　세계에서 가장 위험한 공항 176　세계에서 가장 아름다운 공항 178　세계 최고 공항 이야기 180

못다 한 이야기 ⑧ 공항 시설을 제대로 이용하는 방법 182

9부 비행기 회사와 사람들

100년 전에도 비행기를 타고 다녔어요 186　세계에는 비행기 제작 회사가 몇 개나 있나요? 188　우리나라의 항공사 190　비행기도 자동차처럼 번호판이 있나요? 192　비행기 조종사가 되고 싶어요 194　서비스와 안전을 책임지는 비행기 승무원 196　200만 개의 부품을 관리하는 비행기 정비사 198

못다 한 이야기 ⑨ 비행기계의 영원한 라이벌, 보잉과 에어버스 200

10부 비행기와 여행

해외로 나가기 위한 신분증과 통행권, 여권과 비자 204　비행기 표는 왜 가격이 다양하지요? 206　마일리지를 적립하면 비행기를 공짜로 탈 수 있어요 208　직항과 경유 노선을 이용하는 방법 210　비행기 좌석에는 등급이 있어요 212　비행 중에는 손발이 붓고 귀가 멍해요 214　하늘에서 즐기는 음식, 기내식 216　어린이 혼자 비행기를 탈 수 있나요? 218　반려동물과 함께 비행기 타기 220　비행기가 뜬 후 3분, 내리기 전 8분이 가장 위험해요 222　번개 맞을 확률보다 낮은 비행기 사고 224

못다 한 이야기 ⑩ 남북은 계절이 반대이고, 동서로 이동하면 시차가 생겨요 226

1부
비행기의 정의와 발전

1부에서는 비행기가 변해온 과정을 알아봐요. 과거부터 현재까지 눈으로 직접 볼 수 있는 박물관도 소개해요. 하늘에 대한 인류의 꿈은 1783년 프랑스에서 몽골피에 형제가 만든 열기구가 인류 최초로 비행에 성공하면서 이루어졌어요. 우리나라도 정평구라는 발명가가 만든 비거가 임진왜란 때 큰 활약을 했어요. 세계에서 가장 유명한 스미소니언 항공우주박물관에는 240여 대의 비행기, 40여 개 우주선, 50여 개 미사일과 로켓이 있고, 엔진과 프로펠러만도 각각 425개와 350개나 전시되어 있대요.

대기권 안에서는 비행기가, 대기권 밖에서는 비행체가 날아다녀요

하늘을 나는 틀, 비행기

비행기는 '지구의 대기권(지구를 둘러싸고 있는 기체층. 공기)을 날아다닐 목적으로 날개와 동력을 가지고 인공적으로 날 수 있게 만든 물건'이에요. 우리나라에서는 예부터 '하늘을 나는 틀'이라는 뜻의 한자어인 '비기飛機'라고 부르다가 비행기airplane라는 이름으로 굳어졌어요. 순우리말인 '날틀'이라고 부르려는 노력도 있었지만, 널리 쓰이지는 못했죠. 대기권 밖을 날아다니는 로켓이나 우주선은 비행기가 아니라 비행체aerial vehicle라고 부른답니다.

 비행기라고 불리려면 여러 가지 조건을 갖춰야 해요

첫째, 공기보다 무거워야 하고 엔진과 같은 동력이 있어야 해요. 비행기가 되기 위해 공기보다 무거워야 한다는 것은 스스로 내는 동력이 없으면 날 수 없어야 한다는 뜻이에요. 열기구나 비행선은 공기보다 가벼운 수소 같은 기체를 채워서 동력 없이도 비행이 가능하기 때문에 비행기라고 부르지는 않아요.

둘째, 조종사가 탑승해서 원하는 대로 조종할 수 있어야 해요. 조종사가 타지 않는 무인기$_{드론}$나 로켓은 비행기가 아니랍니다.

셋째, 날개가 고정되어 있어야 해요. 헬리콥터처럼 날개가 돌아가는 것은 비행기보다 더 큰 개념인 항공기$_{aircraft}$라고 불러요.

하늘을 난다고 다 비행기는 아니에요

조종사가 조종을 하는 글라이더$_{glider}$는 종이비행기처럼 바람을 타고 비행을 하죠. 글라이더는 비행기의 조건 중 하나인 스스로 동력을 낼 수 있는 엔진이 없어서 비행기라 부르지 않아요.

사진이나 영상 속에 우연히 찍힌 UFO 역시 비행기라고 부르지는 않아요. 기계적인 구조를 가지고 있다 해도 UFO의 실체가 명확하지 않기 때문이에요. 사람이 만들었다고 해도 기계적인 구조를 가지고 있어야 해요. 바람에 하늘 높이 날아가는 과자 봉지도 비행기라 할 수 없답니다.

우주선

글라이더
© Aerovista Luchtfotografie / Shutterstock.com

비행기는 어떻게 변해왔을까요?

1783년, 인류 최초의 비행

인류가 하늘을 나는 데 과학의 힘을 이용하게 된 것은 15세기였어요. 이탈리아에 살았던 레오나르도 다 빈치는 새와 곤충의 날개를 과학적으로 연구해서 하늘을 날 수 있는 비행기구에 대한 아이디어를 많이 남겼죠. 결국 1783년 프랑스에서 몽골피에 형제가 만든 열기구가 인류 최초로 비행에 성공하면서 하늘에 대한 인류의 꿈은 이루어졌어요.

1900년대 초반, 최초의 동력 비행과 제트 엔진의 등장

1903년 미국에서 라이트 형제가 만든 플라이어 1호가 인류 최초의 유인 동력 비행에 성공했어요. 비행기의 정의대로 '공기보다 무겁고 동력을 갖춰 조종사가 원하는 대로 조종'이 가능한 최초의 비행이었죠. 12초 동안 36m 정도를 비행했지만 이 12초의 비행은 인류 비행기 역사를 여는 위대한 첫 날갯짓이 되었답니다.

이후 엔진 기술과 비행기 기술은 빠르게 발전했어요. 특히 두 차례의 세계대전 동안 비행기는 가장 중요한 무기가 되어 엄청나게 빠른 속도로 발전했어요. 1939년 독일에서 최초의 제트 비행기인 하잉켈 He 178이 등장했고, 1947년에는 미국에서 벨 X-1이 최초로 음속보다 빠른 초음속 비행에 성공했어요.

몽골피에 형제의 열기구

이카로스 신화

그리스 신화 속 이카로스는 새의 깃털을 모아 팔과 몸에 밀랍으로 붙여 하늘을 날았어요.
이카로스의 날개를 만든 사람은 크레타 섬의 미궁을 만든 건축가이자 이카로스의 아버지인 다이달로스예요. 크레타의 왕 미노스는 다이달로스와 이카로스 부자를 미궁에 가두었어요. 다이달로스는 새의 깃털을 주워 날개를 만들었고, 그것을 이용해 하늘을 날아 미궁에서 벗어났죠. 하지만 이카로스는 태양 가까이 갔다가 밀랍이 녹아 바다에 빠지고 말았답니다.

1900년대 중반, 여객기의 발달

제2차 세계대전이 끝나고 미국과 소련은 앞다투어 더 빠르고, 더 크며, 더 높이 날 수 있는 비행기를 개발하려고 했어요. 엄청나게 많은 돈과 인력을 비행기와 엔진을 개발하는 데 투자한 덕에 이 시기는 비행기 기술이 가장 빠르고 혁신적으로 발달했어요.

오늘날 우리가 해외여행을 맘껏 다닐 수 있게 만든 여객기가 발달한 것도 이때였어요. 1952년 영국에서 최초로 승객을 실어 나르는 제트 여객기 '드 하빌랜드 DH 106 코메트'가 등장했어요. 1969년에는 미국에서 당시 세계에서 가장 큰 제트 여객기인 보잉 747이 처음으로 비행했어요. 승객을 500명이나 태울 수 있어 '점보 제트'라는 별명이 붙기도 했죠. 또 같은 해 프랑스에서는 승객을 싣고 초음속으로 비행하는 제트 여객기 콩코드가 비행하기도 했어요.

1990년대 이후, 더 효율적이고 더 깨끗한 비행기의 개발

오늘날 비행기는 효율과 비용을 가장 중요하게 생각해요. 기술이 발달해 비행기를 원하는 크기와 원하는 속도, 원하는 높이로 날 수 있게 만들게 되었죠. 하지만 그렇게 만들면 비행기가 너무 비싸지고 연료도 많이 써요. 그러면 환경을 파괴할 뿐 아니라 비행기를 관리하고 운영하는 데도 어려움이 많아지죠.

현재는 비행기를 만들 때 적은 연료와 비용으로 승객을 더 많이, 더 멀리 실어 나르는 데 중점을 두고 있어요. 또 환경에 해를 끼치지 않는 전기나 태양열을 동력으로 쓰는 비행기도 열심히 개발하고 있답니다.

하잉켈 He 178

라이트 형제보다 300년 앞선 우리나라 비행기

안창남

 **임진왜란 때 하늘을 난 비거**

비거飛車는 조선 선조 임진왜란 때, 발명가인 정평구라는 사람이 만들었어요. 미국의 라이트 형제가 처음 비행에 성공한 때가 1903년이니 300년 정도 앞선 거예요. 비거는 임진왜란 때 큰 활약을 했다고 해요. 왜군이 진주성을 포위하는 바람에 성안에 사람들이 갇혀 있었어요. 이때 비거는 외부와 연락하는 수단 역할을 했어요. 고립된 성주가 비거를 이용해 30리 밖으로 탈출했다고도 하죠. 비거 덕분에 왜군을 교란해 진주성 싸움을 승리로 이끌었답니다.

 **조선 시대 백과사전에 소개된 비거**

조선 후기 실학자인 이규경이라는 사람은 자신이 쓴 백과사전에 비거를 소개했어요. "새가 나는 원리를 이용해 바람의 힘을 빌려 기계를 움직였다." 2명이 탈 수 있었고 12km 정도까지 날 수 있는 완전한 형태의 비행 장치라고 해요. 비거는 유물이나 설계도가 없어 공식적으로 인정받지는 못해요. 하지만 새의 모양을 한 행글라이더 형태라고 추측하고 있어요. 단순한 글라이더와 달리 화약을 이용해 추진력을 얻는 동력 비행기였다고 해요.

우리나라 최초의 현대식 비행기

현대적인 비행기가 우리나라에서 처음 비행한 때는 1913년이에요. 일본 해군 중위가 용산 조선군 연병장에서 잠시 날아올랐다고 해요. 1914년에는 한 일본인이 미국 커티스 복엽기로 용산에서 남대문까지 날아갔다고 해요.

우리나라 하늘을 처음으로 날았던 조종사는 안창남이라는 분이에요. 일본 비행학교에 입학해 1921년에 우리나라 사람 중에는 최초로 비행면허시험에 붙었어요. 1922년에는 우리나라 최초 비행장인 여의도 비행장에서 금강호를 타고 모국 방문 비행을 하기도 했답니다.

조선의 로켓, 신기전

로켓도 오래전부터 우리나라에 있었어요. 신기전은 일종의 로켓포예요. 폭탄과 추진체로 이뤄진 신기전은 도화선에 불을 붙이면 추진체가 타면서 날아가다가 목표물에 닿으면 폭탄이 터지는 원리예요.

사정거리 100~150m인 작은 것부터 2km에 이르는 큰 것까지 종류도 다양해요. 1474년 편찬된 《국조오례서례》의 〈병기도설〉에 설계도가 나오는데, 세계우주항공학회는 이를 세계에서 가장 오래된 로켓 설계도로 공인했어요. 신기전은 발사 방법이 여러 가지인데, 화차는 100개의 신기전을 한꺼번에 차례로 발사하는 장치였답니다.

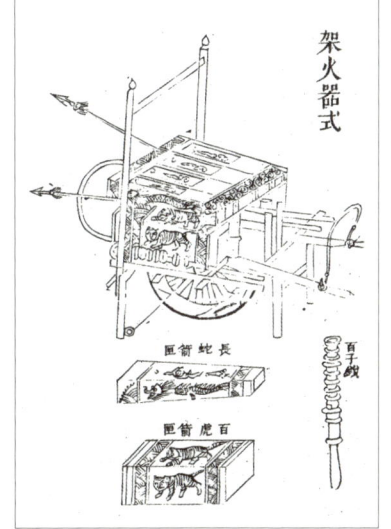

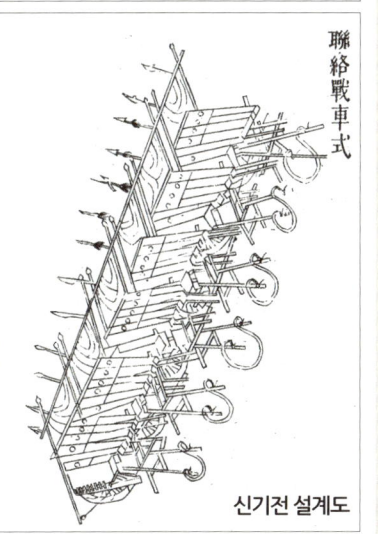

신기전 설계도

우리나라 비행기 역사는 100년이 넘어요

라이트 형제가 비행기를 발명한 후 10년이 지난 1913년에 현대적인 비행기가 처음 등장했어요. 역사 속에 전해져 오는 비거까지 따진다면 400년이 넘어요. 1950년대에는 자체적으로 경비행기를 만들기도 했어요. 항공기술은 고등 전투기를 조립하고 소형 전투기와 훈련기를 제작하는 수준에 이르렀고, 2013년에는 우주선 발사에 성공하는 등 항공 선진국을 향해 한 걸음씩 나아가고 있답니다.

사브 340B ⓒ Carlos Yudica / Shutterstock.com

비행기 회사가 만드는 자동차, 자동차 회사가 만드는 비행기

 자동차 회사가 만드는 비행기

비행기가 등장했던 1903년 전 세계에는 이미 수백 개의 자동차 회사가 다양한 종류의 자동차를 만들고 있었어요. 비행기에 가장 절실했던 기술은 더 멀리, 더 높이 비행을 가능하게 만드는 엔진이었죠. 자동차 엔진을 적절하게 개조해 비행기에 얹으면 성능 좋은 비행기를 만들 수 있다는 생각이 퍼지게 된 거예요.

비행기와 자동차를 함께 만들기 시작한 대표 회사가 독일의 BMW베엠베예요. 지금의 BMW는 자동차와 오토바이만 만들어요. 하지만 BMW는 비행기를 만들던 그들의 역사를 자랑스럽게 생각해요. 로고를 보면 알 수 있죠. BMW의 로고는 푸른 하늘과 하얀 구름을 가르며 회전하는 프로펠러를 상징해요. 세계 3대 명차 제작사이기도 한 영국의 롤스로이스는 비행기 엔진을 제작하던 회사였고, 지금까지도 자동차와 함께 비행기 엔진을 만들고 있어요.

비행기 회사가 만드는 자동차

1910년대부터 1940년대까지 두 차례의 세계대전을 겪으면서 자동차와 비행기 기술은 눈부시게 발달했어요. 하지만 비행기를 만들던 회사도 대규모 전쟁이 급작스럽게 끝나자 새로운 시장을 찾아야 했어요. 그렇게 해서 눈을 돌리게 된 것이 자동차예요. 자동차 회사가 비행기를 만들던 초창기와는 정반대로 비행기 회사가 자동차를 만들기 시작한 것이죠.

2012년 전시회에서 선보인 롤스로이스의 비행기 엔진
ⓒ Steve Mann / Shutterstock.com

스웨덴의 사브, 일본의 미쓰비시, 후지중공업(스바루)은 비행기를 만들 때처럼 연구 개발에 많은 투자를 했어요. 그렇게 만든 자동차는 성능이 뛰어났지만 값이 비쌌죠. 하지만 자동차는 지나치게 비싸거나 홍보를 하지 않으면 잘 팔리지 않아요. 뛰어난 자동차만 만들면 된다는 고집을 버린 미쓰비시나 후지중공업은 변화에 대처해서 지금까지도 비행기와 자동차를 함께 만들고 있어요. 하지만 사브 자동차는 2012년 문을 닫았지요. 지금의 사브는 비행기만 만들어요.

자동차부터 비행기까지 차근차근 완성해간 혼다의 교훈

혼다는 원래 오토바이 회사로 출발했어요. 1960년대부터 자동차를 만들기 시작해 지금은 세계적인 자동차 회사로 성장했죠. 혼다의 창업자인 혼다 소이치로는 회사를 세운 직후부터 비행기를 만들고 싶어 했어요. 하지만 비행기를 만들기 위해서는 많은 비용과 높은 기술이 필요하기 때문에 일단 성능 좋은 자동차를 많이 만들어 성장해야 했지요.

HA-420 혼다제트
ⓒ Andrey Khachatryan / Shutterstock.com

세계 자동차 시장에서 자리를 잡은 혼다는 1986년부터 비행기 개발에 뛰어들었어요. 오랜 연구와 노력 끝에 '하늘을 나는 스포츠카' 콘셉트의 혼다제트가 완성되었지요. 혼다제트는 조종사 포함 7명이 탑승하는 엔진 2개의 쌍발 소형 제트기예요. 2003년에 첫 비행에 성공했죠. 혼다가 새로 쓰고 있는 비행기의 역사는 꿈을 이루기 위해서는 차근차근 준비하면서 능력을 기르는 것이 중요하다는 것을 가르쳐주고 있어요.

우리나라 비행기 박물관

제주항공우주박물관

🚁 제주항공우주박물관 (제주)

2014년 문을 연 제주항공우주박물관은 내용과 규모에서 아시아 최대라고 해요. 전시물 관람과 체험이 동시에 이뤄지는 복합 공간이에요. 1~3층 구조 건물은 항공역사관, 천문우주관, 테마존 3개 전시관으로 구성돼 있어요. 야외에는 실제로 운행했던 비행기들을 전시했답니다. 헬리콥터와 수송기를 비롯해 영화 〈007〉 시리즈에 등장한 수륙양용기도 있어요. 1층에는 하늘을 날고자 한 인류의 도전, 세계 항공 역사와 항공기, 항공 기술 등을 소개해요. 2층에는 우주 탐사의 발자취를 보여 주는 전시물과 각종 체험 시설이 있어요. 나로호 실제 크기 모형과 태양계 축소 모형 등도 눈길을 끌어요. 테마존에서는 입체 영상관에서 우주여행 영상을 볼 수 있고, 별자리와 우주 풍경을 감상할 수도 있어요. 전망대에 오르면 제주도의 아름다운 풍경을 볼 수 있답니다.

 사천항공우주박물관 (경남 사천)

우리나라 최초 항공우주박물관이에요. 야외에는 헬리콥터와 전투기, 폭격기, 수송기 등 다양한 비행기를 전시해요. 전시 비행기만 30대에 이르기 때문에 볼거리가 많고, 비행기에 직접 타볼 수도 있어요. 예전에 운행하던 대통령 전용기도 전시해요. 1층에서는 항공의 역사, 항공기의 발달에 관한 내용을 볼 수 있어요. 2층은 우주탐험의 역사, 인공위성, 태양계 행성 등 우주에 관한 전시물이 있답니다. 박물관 근처에는 사천항공우주과학관도 볼 게 많아요. 주제에 따라 5가지 구역으로 나뉜답니다. 비행을 위한 도전, 비행기의 기초와 에너지, 비행 원리, 우주 탐험과 체험 등을 구경할 수 있고, 4D 영상도 보여줘요.

항공대학교 항공우주박물관 (경기도 고양시)

항공 특화 학교인 항공대학교 안에 있는 박물관이에요. 1층에는 항공기 구조, 항공우주의 역사, 항공 체험, 비행 원리, 가상 체험, 멀티미디어관, 시뮬레이션 체험관이 자리잡고 있어요. 2층에는 우주 관련 전시를 해요. 로켓과 우주복, 우주 식량 등을 볼 수 있어요. 유물과 기록물을 전시하는 박물관에서 벗어나 체험학습을 운영하기 때문에 흥미로운 경험을 할 수 있어요. 건물 밖에도 전시장이 있어서 각종 비행기를 볼 수 있답니다.

 국립항공박물관 (경기도 김포)

2018년 개장을 목표로 김포공항 안에 박물관을 짓고 있어요. 항공 원리 및 역사를 알 수 있는 전시물과 조종사나 승무원 등 항공 업무를 실제 체험할 수 있는 시설을 마련해요. 무인항공기 개발, 미래 공항 기술 개발 등 미래 모습도 보여줄 예정이에요. 공항 안에 있는 만큼 김포공항 활주로가 내려다보이는 전망대도 만든다고 해요.

옥토끼우주센터 (인천 강화)

2007년에 문을 열었어요. 박물관이라기보다는 학습과 탐험, 놀이를 즐길 수 있는 테마파크예요. 500여 점이 넘는 우주 전시물을 전시하고, 우주 체험, 3D 영상 등을 경험할 수 있는 시설을 갖췄어요. 항공우주 산업의 역사와 발전 과정을 배울 수 있어요.

옥토끼우주센터

해외 비행기 박물관

보잉 박물관

스미소니언 항공우주박물관 (미국 워싱턴 D.C.)

    세계에서 가장 유명한 항공우주박물관이에요. 1946년 국립항공박물관으로 시작해 1976년 현재 이름으로 바뀌었어요. 규모도 아주 크답니다. 240여 대의 비행기, 40여 개 우주선, 50여 개 미사일과 로켓이 있고, 엔진과 프로펠러만도 각각 425개와 350개나 돼요. 라이트 형제가 처음 만든 비행기와 찰스 린드버그가 대서양을 횡단할 때 탔던 비행기, 제1·2차 세계대전 당시 전투기, 아폴로 11호 등 진귀한 전시물이 많아요. 우드비-헤이지라고 부르는 별관에는 200여 대의 항공기와 135대의 우주선을 전시하고 있어요.

 르부르제 항공박물관 (프랑스 파리)

    항공 대국 프랑스 파리에 있는 세계에서 가장 오래된 항공우주박물관이에요. 1921년에 샬레 뫼동에서 문을 열었답니다. 1973년에는 르부르제 공항으로 옮겼어요. 르부르제 공항은 린드버그가 대서양을 횡단할 때 착륙한 공항이에요. 박물관 입구에는 날아가는 세 대의 비행기가 단번에 비행기 박물관이라는 사실을 알려준답니다. 박물관에는 초기 비행기부터 세계대전 때 활약한 비행기들이 실물로 전시돼 있어요. 기구와 비행선 등 비행기의 역사를 알 수 있는 다양한 전시물이 있어요. 보잉 747, 콩코드 등 일부 비행기는 안에 직접 들어갈 수도 있어요.

보잉 박물관 (미국 시애틀)

항공기 제작사로 가장 유명한 보잉이 전용 비행장에서 운영하는 박물관이에요. 다양한 비행기를 전시하고 있어요. 미국 대통령 비행기인 에어포스 원, 순항속도가 음속 3에 이르는 록히드 SR-71 정찰기, 747과 737 최초 프로토타입, 초음속 비행기 콩코드, 세계 최초의 전투기 카프로니 Ca.20 등 보잉과 보잉 외의 진귀한 전시물이 많답니다.

미국 공군박물관 (미국 오하이오)

세계에서 가장 크고 오래된 군사 항공 박물관이에요. 라이트 형제가 비행기를 만든 미국 오하이오 주 데이턴에 위치해요. 원통을 반으로 나눠놓은 형태인 박물관은 길이가 240m, 폭이 60m에 이르러요. 한 동에 70여 기의 항공기와 미사일을 전시하고 있어요. 실외에 나가면 300종이 넘는 항공기와 미사일, 우주왕복선을 볼 수 있어요.

임페리얼 전쟁박물관 (영국 덕스포드)

전쟁과 관련된 각종 전시물을 볼 수 있어요. 가운데서도 비행기와 관련된 전시물이 많아요. 덕스포드는 해마다 다양한 에어쇼가 열리는 곳이기도 해요. 전시장은 모두 7개예요. 이곳에서는 옛날 비행기를 예전 모양으로 새롭게 만드는 게 아니라, 예전에 실제로 날아다니는 비행기를 복원한다고 해요.

스미소니언 항공우주박물관

르부르제 항공박물관

못다 한 이야기 ①

전쟁이 일어나면 왜 비행기가 발전하나요?

✈ 제1·2차 세계대전 동안 비행기가 발전했어요

1903년 라이트 형제가 인류 최초의 비행기를 하늘에 띄운 지 얼마 지나지 않아 세계 곳곳에서 비행기가 날기 시작했어요. 세계 곳곳의 열정 넘치는 사람들은 새로운 비행기들을 만들며 도전을 이어 갔지만 비행기의 발전 속도는 더디기만 했지요. 저마다 약간씩 성능 차이는 있었지만 조종사 한 명을 태우고 몇 십 킬로미터를 비행하는 것이 고작이었어요.

하지만 제1차 세계대전(1914~1918)과 제2차 세계대전(1939~1945)을 거치면서 상황은 완전히 달라졌어요. 세계대전은 전 세계가 불바다가 될 정도로 어마어마하게 큰 전쟁이었어요. 많은 나라가 운명을 걸고 싸워야 했죠. 비행기는 공중에서 적군 지역에 폭탄을 떨어뜨리거나, 적군의 움직임을 감시할 수도 있었고, 물자를 실어 나르는 데도 매우 유용했어요. 그렇다 보니 국가 차원에서 비행기를 개발하는 데 엄청난 돈과 인력을 투입하기 시작했죠.

제1차 세계대전 때는 금속으로 만든 뼈대에 천을 씌워 만든 복엽기(좌우 날개가 위아래로 두 개가 겹쳐져 있는 형태의 비행기)가 전장 하늘을 날아다녔어요. 그런데 20년 뒤 일어난 제2차 세계대전 때는 전체가 금속으로 된 최고 성능의 프로펠러 비행기들이 등장했어요. 심지어 전쟁 말기에는 세계 최초의 제트 전투기까지 등장하는 등 놀라운 발전 속도를 보였답니다.

✈ 미국과 소련의 냉전 기간에는 다양한 비행기가 개발되었어요

제2차 세계대전이 끝났지만 평화가 오지는 않았어요. 전쟁의 가장 큰 승리자였던 미국과 소련이 다시 대립하게 된 것이죠. 이것을 냉전이라고 해요. 두 나라는 50년 가까이 대립하면서 서로를 위협하는 무기를 개발했어요. 결국 50년 가까이 비행기를 위력적인 전쟁 무기로 쓰기 위해 국가 차원에서 엄청난 비용과 인력을 투자했지요. 실제로 눈부시게 발달한 오늘날 비행기 기술들은 냉전 기간 동안 개발되었어요.

제2차 세계대전 말기에 처음 등장했던 제트기는 냉전 기간에 마하 1, 마하 2, 마하 3을 차례로 돌파하며 엄청나게 빨라졌어요. 또 제2차 세계대전에서는 볼 수 없었던 헬리콥터가 등장하기도 했죠. 헬리콥터는 비행기보다는 느리지만 제자리에서 뜨고 내릴 수 있다는 장점 때문에 군인들이나 조그만 물자들을 실어 나르기에 안성맞춤이었어요. 그래서 냉전 동안 수백 종류의 크고 작은 헬기들이 개발됐고, 그중 많은 기종이 지금까지도 하늘을 누비고 있지요.

이 밖에 하늘에서 지상의 사진을 찍는 정찰기나 사람이 타지 않는 무인기, 각종 최신 미사일과 폭탄, 그리고 최근에 등장하기 시작한 스텔스 비행기 등 많은 것이 냉전 기간 동안 처음으로 개발되었답니다.

 차가운 전쟁, 냉전

제2차 세계대전 이후 미국과 민주주의에 뜻을 같이한 나라들, 그리고 소련과 공산주의에 뜻을 같이한 나라들이 두 패로 나뉘어 대립하게 되었어요. 이들 두 세력은 실제로 전쟁을 일으키지는 않았지만 서로 군사력을 키우며 세계의 분위기를 차갑게 얼어붙게 만들었죠. 그래서 이러한 상태를 냉전Cold War이라고 해요. 1945년부터 소련이 무너진 1991년까지 무려 50여 년 동안 냉전은 이어졌어요.

2부
기능과 역할이 다양한 비행기들

2부는 다양한 비행기를 소개해요. 전투기, 화물기, 스텔스 비행기, 헬리콥터와 드론, 인공위성과 로켓 등 하늘을 나는 것들을 모두 다뤄요. 전쟁이 나면 가장 먼저 적군을 공격하는 비행기는 폭격기예요. 전투기는 폭격기를 쫓아내거나 격추하려 노력하고, 폭격기 대신 공중전을 해요. 러시아의 An-124 루슬란은 길이 69m, 폭이 73m나 되고, 한 번에 무려 230톤의 화물을 싣고도 5,200km나 비행할 수 있는 가장 크고 무거운 일반 수송기예요. 1977년 8월 20일 발사된 보이저 2호는 천왕성과 해왕성을 방문한 유일한 탐사선이에요.

하늘의 싸움꾼, 전투기와 폭격기

 전투기는 먼저 보고 먼저 쏘는 게 중요해요

전투기는 한꺼번에 많은 역할을 동시에 할 수 있는데다 성능이 점점 강력해지고 있어요. 사람의 눈이라 할 수 있는 레이더가 발달해서 아주 멀리서도 서로를 탐지해서 발견할 수 있지요. 또 싣고 있는 미사일도 빠르고 정확도가 높아져서 적에게 딱 한 번만 탐지되어도 바로 격추될 수 있어요.
전투기가 서로 싸워 이기기 어려운 강한 존재가 되고 나니 가장 중요한 것은 적기가 나를 발견하기 전에 먼저 발견하고 공격하는 것이 되었어요. 이러한 개념을 '먼저 보고 먼저 쏜다'고 해서 First Look, First Shot이라고 부른답니다.

 바늘과 실, 전투기와 폭격기

전쟁이 나면 가장 먼저 적군을 공격하는 비행기는 폭격기bomber예요. 적군 지역의 중요한 시설에 폭탄을 떨어뜨려 파괴하는 비행기죠. 하지만 적군은 자신들을 공격하러 오는 폭격기를 가만두지 않아요. 그래서 전투기fighter를 출격시켜서 폭격기를 쫓아내거나 격추하려 노력해요.
폭격기도 당하고만 있을 수 없지요. 하지만 불행히도 폭격기는 지상에 떨어뜨릴 수 있는 폭탄은 잔뜩 실어도 적군의 전투기와 싸울 수 있는 미사일을 싣지 않아요. 그래서 폭격기는 적군의 전투기가 오면 대신 싸워줄 수 있는 전투기를 항상 데리고 다녀요. 전투기는 폭격기 대신 공중전을 해요.

 전투기와 폭격기가 전쟁에서 쓰는 무장은 크게 미사일과 폭탄이에요

미사일은 뒷부분에 모터나 로켓 등 혼자 힘으로 날아갈 수 있는 추진력을 가진 무기예요. 자체 추진력이 있기 때문에 보다 멀리 날아갈 수 있지만 값이 비싸요. 반대로 폭탄은 자체 추진력이 없어서 떨어뜨렸을 때 중력에 의해 그냥 지상으로 떨어지는 무기예요. 지상으로 자유 낙하하기 때문에 미사일보다는 멀리 날아갈 수 없지만 값이 싸다는 장점이 있죠.

제1차 세계대전이나 제2차 세계대전, 과거 냉전 시대에는 전투기와 폭격기는 미사일과 폭탄을 한꺼번에 많이 실을 수 있어야 좋은 것으로 대접을 받았어요. 그때에는 미사일과 폭탄의 명중률이 떨어졌기 때문이에요. 명중률이 떨어지는 만큼 적군에게 최대한 많이 쏟아부어야 기대하는 결과를 얻을 수 있었죠. 하지만 최근에는 미사일과 폭탄 기술이 많이 발전해서 명중률이 향상되었어요. 예전처럼 한꺼번에 많이 실을 필요가 없어진 거죠. 그래서 전투기는 미사일과 폭탄을 동시에 싣고 이륙해서 적기와 싸우기도 하고, 때로는 적군 지역에 폭탄을 떨어뜨리기도 해요.

폭격기

전폭기

다시 말해 전투기가 전투기와 폭격기 두 가지 임무를 동시에 하게 된 거죠. 그래서 이 둘을 합친 '전폭기fighter-bomber'라는 신조어가 생겨났어요. 요즘 전투기는 대부분 폭격기 역할을 동시에 할 수 있답니다.

전투기
© Fasttailwind / Shutterstock.com

하늘의 짐꾼, 화물기와 수송기

C-130 허큘리스

화물기는 여객기와 같은 듯 달라요

화물기는 보통 여객기 승객이 머무는 공간인 객실의 의자를 모두 없애고 화물칸으로 만들어 사용하기 때문에 구분하기가 쉽지는 않아요. 외형이 같은 여객기와 화물기를 구분하기 쉬운 방법이 있어요. 여객기에는 좌우 측면의 좌석마다 창문이 있지만, 화물기는 승객이 타지 않기 때문에 굳이 창문이 있을 필요가 없어요. 그래서 창문이 있어야 하는 자리가 매끈하게 막혀 있답니다.

또 하나 다른 점은 바로 화물기 도어의 위치예요. 보통 캐리어나 큰 짐은 비행기 동체 측면에 작게 마련되어 있는 화물칸 도어를 통해 실려요. 화물기는 비행기 머리에 해당하는 기수 부분 앞쪽 전체가 열린답니다. 마치 상어가 입을 벌리듯 앞쪽 전체가 크게 열려서 큰 화물도 손쉽게 넣을 수 있어요. 재미있는 것은 화물기 도어가 조금만 열렸을 때 마치 만화에 나오는 상어 캐릭터가 웃는 모습과 똑같이 된다는 점이에요.

 가장 인기 있는 군용 수송기, C-130 허큘리스

여객기를 개조해서 쓰는 화물기와는 달리 군에서 사용하는 수송기는 그 크기와 성능이 제각각 다르고 종류도 많아요. 수송기는 병사와 물자를 실어 나르는데, 각 나라의 군의 규모와 병사 숫자가 제각각이기 때문이죠.

세계에서 군대의 규모가 가장 큰 나라는 미국이에요. 그만큼 미국은 많은 종류의 수송기를 직접 개발해서 운용하고 있어요. 그중 전 세계에 가장 많이 생산되고 수출된 베스트셀러 수송기는 C-130 허큘리스예요. 지금까지 2,500대가 넘게 생산되어 우리나라를 포함해 약 70개 나라에 수출되었어요. 길이 30m, 폭 40m의 비교적 작은 크기에 비해 33톤의 화물을 싣고 약 3,800km를 비행할 수 있는 우수한 성능을 갖추었어요.

가장 크고 무거운 일반 수송기, An-124 루슬란

러시아의 An-124 루슬란은 가장 크고 무거운 일반 수송기예요. 길이 69m, 폭이 73m나 되고, 한 번에 무려 230톤의 화물을 싣고도 5,200km나 비행할 수 있어요. 너무 크고 비싸서 55대밖에 생산되지 않았고 러시아와 우크라이나에서만 쓰고 있어요. 하지만 열차를 통째로 옮기거나 로켓 부품과 같이 크고 무거운 화물의 경우 전 세계에서 An-124만 수송할 수 있는 경우가 많아요. 그렇기 때문에 전 세계 수송기 중에서 An-124의 위상은 대단하답니다.

An-124 루슬란 ⓒ Alex JW Robinson / Shutterstock.com

B-2 폭격기

보이지 않는 비행기, 스텔스 비행기

레이더를 이용해 비행기가 나는 위치와 높이를 파악해요

레이더는 전파를 하늘에 쏴서 비행기를 맞고 돌아오는 전파를 다시 탐지해내는 기계예요. 비행기는 금속으로 만들어져 있기 때문에 전파를 맞으면 반드시 반사돼요. 하지만 여러 가지 특별한 기술을 적용하면 레이더에 걸리지 않게 만들 수 있어요. 레이더에서 나온 전파를 흡수하거나, 다시 레이더로 가지 못하게 엉뚱한 방향으로 반사시키면 레이더에 걸리지 않게 되죠. 이렇게 되면 그 비행기는 보이지 않는 비행기가 되는 것이지요.

적군의 레이더에 걸리지 않게 하는 스텔스 기술

전쟁이 일어났을 때 공군은 적군을 공격해야 해요. 적군의 영공에 접근하거나 쳐들어갈 때 적군은 레이더를 작동시켜 공군 비행기를 찾아내려고 노력하죠. 적군의 레이더에 잡히는 순간 공군 비행기는 적군의 미사일 세례를 받게 되니 절대 걸려서는 안 된답니다. 스텔스 기술은 적군의 레이더에 걸리지 않기 위한 최고의 방법이에요. 자기에게 온 레이더 전파를 다시 레이더 쪽으로 못 가게 하는 거죠.

스텔스 기술의 세 가지 핵심

첫째는 비행기 모양이에요. 보통 비행기는 공기 저항을 줄이기 위해 매끈한 유선형으로 만들어져 있죠. 둥글둥글하기 때문에 그만큼 레이더 전파를 반사하기도 쉬워요. 스텔스 비행기는 모양 자체를

각지게 만들어서 전파가 비행기에 닿았을 때 적군의 레이더 쪽이 아닌 엉뚱한 방향으로 반사시켜요.

둘째는 레이더 전파를 흡수하는 물질인 램RAM(Radiation Absorbent Material)을 비행기 표면에 바르는 거예요. 이름 그대로 레이더 전파를 반사하지 않고 그대로 흡수해버려 적군의 레이더로 전파가 돌아가지 못하게끔 만드는 거예요. 램을 만드는 기술은 비밀로 감춰져 있어요. 미국과 러시아 등 세계 최고의 항공 선진국들만 알고 있죠.

셋째는 열이에요. 레이더 중에서는 열을 탐지하는 레이더도 있어요. 비행기의 엔진은 비행할 때 엄청난 열을 뿜어내기 때문에 이 열을 찾아내 비행기의 위치를 알아내기도 하죠. 스텔스 비행기는 엔진의 열이 나오는 배기구 주변에 따로 공기가 나오는 통로를 만들어서 엔진 열과 주변의 찬 공기가 섞여서 배출돼요. 엔진에서 나오는 열이 낮아져 그만큼 레이더에 걸릴 확률도 줄어들게 되지요.

미래의 비행기는 스텔스 기술을 가져야 해요

전 세계는 스텔스 비행기를 개발하기 위해 많은 돈과 시간을 투자하고 있는 중이에요. 비행기를 탐지할 수 있는 레이더나 비행기를 쏴서 떨어뜨릴 수 있는 미사일 기술이 많이 발달했기 때문이에요. 적군의 레이더와 미사일을 피하기 위해서는 스텔스 기술이 필요한 것이죠.

스텔스 기술은 미국이 가장 앞서 있어요. 미국이 만든 F-22와 F-35 전투기, 그리고 가오리처럼 생긴 B-2 폭격기는 세계에서 가장 뛰어난 스텔스 기술을 가진 비행기예요. 미국 이외에 현재 개발 중인 스텔스 비행기로는 우리나라의 KF-X, 러시아의 T-50, 중국의 J-20, 일본의 X-2 등이 있어요.

방향이 자유로운 헬리콥터

© Andrei Kobylko / Shutterstock.com

헬리콥터, 헬기, 헤리, 초퍼라고도 불려요

헬리콥터라는 이름은 나선형 또는 '돌다'를 뜻하는 낱말 'helix'와 날개를 나타내는 'ptero'가 결합한 말이에요. 우리나라에서는 기계를 뜻하는 '기' 자를 붙여서 '헬기'라고 간단하게 부르기도 해요. 일본에서는 '헤리'라고 하고, 미국에서는 비공식적인 말로 '초퍼'라고도 해요. 날개 돌아가는 소리가 '촙촙촙~' 들린다고 해서 붙인 이름이에요.

비행기는 뜨는 힘을 얻기 위해 앞으로 달려야 해요

사람의 몸은 옆이나 뒤로 달리기는 힘들게 돼 있어요. 옆으로 달리기는 아주 힘들고, 뒤로도 달릴 수는 있지만 앞으로 달릴 때만큼 속도를 내기는 힘들어요. 자동차도 뒤로 달릴 때는 일정 속도 이상 낼 수 없어요. 방향을 바꾸기도 앞으로 달릴 때보다 어려워요.

비행기는 제자리에서 바로 위로 움직이지 못해요. 일단 공중에 뜨기 위해서는 긴 활주로를 달려야 해요. 하늘을 나는 중에도 제자리에서 위아래로는 움직이지 못한답니다. 앞으로 가는 힘으로 공중에 뜨기 때문이에요. 지상에서 움직일 때에도 제트기는 엔진을 이용해서 뒤로 움직일 수 있지만 그런 능력을 가진 비행기는 많지 않아요. 그래서 보통 견인차가 끌어서 이동하지요.

 ## 두 날개 덕분에 방향이 자유로워요

헬리콥터는 달라요. 위쪽에 로터라고 부르는 날개가 달려 있는데, 비행기와 달리 날개가 회전을 해요. 이 날개를 이용해서 그 자리에서 바로 위로 뜰 수 있답니다. 위쪽 날개가 수평 방향이라면 뒤에는 수직 방향으로 회전하는 날개가 위치해요. 이 두 날개의 조합으로 헬리콥터는 전후좌우 방향으로 날 수 있고, 그 자리에 가만히 떠 있을 수도 있어요.

 기원전부터 있었던 헬리콥터

중국에서는 헬리콥터처럼 생긴 장난감을 가지고 놀았대요. 15세기 레오나르도 다 빈치는 헬리콥터 스케치를 남겼죠. 1843년 영국의 조지 케일리 경은 증기기관으로 움직이는 헬리콥터를 구상했어요. 실제로 하늘을 난 헬리콥터는 1907년에 프랑스의 폴 코르누라는 사람이 만들어 20초 정도 비행에 성공했다고 해요. 제2차 세계대전 때는 군용 헬리콥터가 등장했어요.

 ## 용도가 아주 다양해요

헬리콥터는 두 개의 날개를 동시에 조작해야 하고, 구조적 특성상 비행기보다 조종하기가 쉽지 않아요. 비행기보다 속도도 느리고, 크게 만들기도 힘들고, 비행거리도 짧아요. 그렇지만 수직으로 이착륙하거나, 공중에서 제자리 비행도 할 수 있어요. 게다가 가로와 세로 20m 정도 공간만 있으면 이착륙할 수도 있죠. 큰 건물 옥상이나 산속, 배 위 등 장소 가리지 않고 공간만 마련되면 뜨고 내려요.

엔진이 꺼져도 그 상황에 맞는 비행법만 익혀놓으면 비교적 안전하게 착륙할 수 있다고 해요. 그래서 화재를 진압하거나 다친 사람을 구조하고, 방송사에서 항공 촬영을 하고, 사람을 실어 나르고, 관광지를 유람하고, 농약이나 씨를 뿌리고, 전투를 하는 등 하늘을 날면서 무엇이든지 할 수 있는 비행체예요.

인명 구조용 헬리콥터

레오나르도 다 빈치가 스케치한 헬리콥터

다재다능한 소형 비행체, 드론

 헬리콥터와 다른 점은 사람이 탈 수 없는 작은 크기예요

작은 비행체가 벌이 윙윙거리는 것처럼 난다고 해서 드론drone이라고 불러요. 드론이 개발된 때는 1900년대 초일 정도로 오래됐어요. 그동안 드론은 군사용으로 주로 쓰였기 때문에 많이 알려지지 않았어요. 최근 들어 드론은 아주 인기랍니다. 활용 가치가 무한한 기계라고 인정받았기 때문이에요.

모형 비행기나 헬리콥터는 취미 생활 외에는 달리 쓸데가 없어요. 드론은 달라요. 택배도 드론이 대신해줘요. 먼 미래의 얘기가 아니에요. 이미 드론 배달은 개발과 시험을 마쳤어요. 법규나 시험을 위해 좀 더 시간이 필요할 뿐이에요. 드론은 방송사나 잡지사의 공중 촬영 장비, 감시 도구, 농사 보조, 구호 활동, 공중 통신망 등 활용 범위가 무궁무진해요. 요즘에는 드론을 이용한 스포츠 경주도 생겼어요. 공중에 코스를 정해놓고 레이스를 펼쳐요. 드론으로 행위 예술을 하기도 해요.

이항 184

 사람이 탈 수 있을지도 모른다는 기대 때문에 주목을 받아요

도로에는 자동차가 너무 많아서 교통이 복잡해요. 어디를 가려고 해도 막히기 일쑤예요. 그럴 때마다 '하늘을 나는 자동차가 있으면 막힌 차 위로 날아다닐 텐데……'라는 생각을 종종 하곤 해요. 비행기나 헬리콥터는 그 역할을 하기 힘들어요. 비행기는 활주로가 필요하고 헬리콥터는 크기도 크고 조종하기 어려워요. 드론은 달라요. 자동차보다 작게 만들 수도 있고 뜨고 내리기도 쉬워요. 하늘을 나는 자동차 역할을 드론이 대신해내는 거예요.

이미 사람이 타는 드론이 있어요

2016년 미국 라스베이거스에서 열린 소비자 가전쇼에서 중국의 드론 제작사인 '이항'이 사람이 타는 드론을 공개했어요. 이항 184라는 드론은 일반 드론하고 비슷하게 생겼어요. 다른 점이라면 사람이 탈 수 있는 공간이 있어요. 탑승자는 태블릿을 이용해서 비행 계획을 세팅할 수 있어요. 이륙과 착륙 명령만 내리면 나머지는 프로그램에 의해 자동으로 날아가요. 충전은 2시간이 걸리고 100kg 무게까지 싣고 23분 정도 날 수 있다고 해요. 300~500m 높이에서 날고 3500m까지 올라갈 수 있어요. 최고 속도는 시속 100km까지 낸답니다. 실내에는 사람 1명이 탈 수 있는데 가방 하나 정도 더 넣을 수 있다고 해요. 에어컨과 독서등도 갖췄답니다. 프로펠러를 접으면 자동차 한 대 정도의 주차공간에 보관할 수 있어요. 가격은 2~3억 원으로 페라리나 람보르기니 스포츠카만큼 비싸요.

그러나 사람이 타면 무거워지기 때문에 사용 시간이 짧아지는 배터리 문제를 해결해야 해요. 안전성도 높여야 하고, 비행과 관련된 법규도 검토해야 하는 등 시험 시간도 많이 필요해요. 이런 문제만 해결된다면 드론은 미래의 새로운 운송 수단이 될 거예요.

엔진이 없어도 날 수 있는 글라이더, 비행선, 열기구

 힘을 낼 수 있는 방법은 여러 가지예요

비행기가 날기 위해서는 엔진을 돌려서 공기를 내뿜거나 프로펠러를 돌려야 해요. 자동차나 모터사이클도 엔진에서 나온 힘으로 바퀴를 돌려 달린답니다. 무엇인가 움직이려면 힘이 필요해요. 그 힘이 꼭 엔진에서 나오지만은 않아요. 자전거는 엔진이 없지만 사람의 힘으로 달려요. 내리막 경사로에서는 페달을 밟지 않아도 빠르게 달려 내려가요. 비행기 중에서도 엔진의 도움 없이 나는 것들이 있어요.

 비행선이나 열기구는 공기의 힘으로 날아요

 공기가 어떻게 힘을 쓸까요?

공기는 따뜻해지면 가벼워져요. 따뜻한 공기를 모아두면 하늘로 날아오를 수 있어요. 기체 중에 공기보다 가벼운 수소나 헬륨을 넣어도 위로 떠오른답니다.

비행선과 열기구는 아래위로만 움직여요. 바람이 불면 그제야 바람 방향에 따라 사방 어느 쪽으로 움직이지요. 비행선은 비행기에 앞선 시절에 이미 하늘을 날아다니는 수단으로 쓰였어요. 비행선은 방향을 바꾸는 프로펠러를 달아 조종하기도 해요. 이 둘은 공중에 띄운 광고판, 관광과 레저 활동, 기록을 세우기 위한 모험 활동, 대회, 기상관측 등에 주로 이용해요.

열기구 비행 최고 기록

열기구를 타고 세운 최고 기록은 미국과 러시아 모험가 둘이 세운 160시간 37분 비행이에요. 일본에서 멕시코까지 1만 693km를 날았어요. 가장 높이 올라간 기록은 1만 2801m라고 해요.

열기구

글라이더는 바람의 힘으로 움직여요

(위)비행선
(아래)행글라이딩
ⓒ serenarossi /
Shutterstock.com

하늘에는 일정하게 공기가 흐르거나 바람이 수시로 불어요. 글라이더는 엔진의 힘을 빌리지 않고 이를 이용해서 날아다녀요. 인간이 날개 밑에 매달려 나는 행글라이더, 낙하산 활강과 행글라이딩의 원리를 이용한 패러글라이더 등이 있고, 넓게 보면 종이비행기도 글라이더의 일종이에요.

글라이더가 이륙하는 방법은 특이해요. 동력 비행기에 줄로 연결해 끌고 가다가 일정한 고도에 올라가면 줄을 풀어요. 땅에 윈치(밧줄이나 쇠사슬로 무거운 물건을 들어 올리거나 내리는 기계로 케이블카나 엘리베이터에 쓰여요)를 설치하고 글라이더와 윈치를 줄로 연결해 힘차게 잡아당기기도 해요. 윈치 대신 자동차로 끌어당기기도 하지요. 어떤 글라이더는 엔진이 달려 있어서 이륙할 때에만 엔진의 힘을 이용하기도 해요.

대부분 글라이더는 속도가 빠르지 않고 바람의 힘을 이용하기 때문에 승객을 실어 나르기는 쉽지 않아요. 예전에는 군용으로도 활용했지만 대부분 스포츠나 취미용으로만 타요.

특별한 목적으로 만들어진 군용기들

블랙이글스 곡예비행팀
© Jordan Tan / Shutterstock.com

 1900년대 초에는 비행기를 타고 적군을 정찰하고 감시했어요

오늘날 비행기의 주된 용도는 승객이나 화물을 실어 나르는 거예요. 하지만 1900년대 초, 비행기가 전쟁에서 쓰이기 시작한 이후 가장 먼저 사용된 용도는 바로 정찰과 감시였어요. 전쟁이 일어나자 사람들은 땅에서는 잘 안 보이는 것들이 비행기를 타고 하늘로 올라가면 멀리까지 잘 보이겠다고 생각했어요.

사람의 눈으로 땅을 감시하던 초창기 비행기들과는 달리 비행기 기술이 발달한 오늘날에는 사람의 눈을 레이더가 대신해요. 고성능 레이더를 비행기에 장착하면 비행기 안에서 화면을 통해 먼 거리까지 속속들이 살펴볼 수 있어요. 땅뿐만 아니라 바다 위, 주변 하늘 등 아주 먼 거리까지 레이더를 통해 감시할 수 있답니다.

하늘의 주유소, 공중급유기

비행기는 이착륙할 때 연료를 가장 많이 소모해요. 여객기는 목적지로 날아가기 전에 연료를 충분히 채워요. 혹시 가다가 무슨 일이 생길지도 모르니까요. 하지만 전쟁터에서 싸우는 군용기는 상황이 달라요. 공항이나 공군 기지가 적군의 공격을 받아 파괴될 수 있는 위험이 항상 도사리고 있거든요. 연료가 떨어졌을 때 착륙할 수 없는 상황이 생길 수 있는 거죠. 이때를 대비해 공중에서 다른 비행기에게 연료를 넣어줄 수 있는 공중급유기가 있어요. 하늘의 주유소인 셈이죠. 공중급유기는 연료가 떨어져가는 비행기 바로 곁으로 가서 빨대나 호스를 꽂아 연료를 넣어줘요.

공중급유기

레이더 화면

관람객에게 즐거움을 주는 공중곡예기

비행기 엔진 기술이 많이 발달한 지금은 비행기가 공중에서 묘기 부리듯 자유자재로 움직일 수 있어요. 전 세계에서는 비행기 관람 행사인 에어쇼가 많이 열려요. 비행기를 지상에 전시해서 관람객에게 보여줄 뿐 아니라 화려한 묘기를 보이기도 한답니다. 세계 각국마다 국가대표 곡예비행팀이 있어요. 우리나라 공군의 블랙이글스는 검은색과 노란색, 하얀색으로 화려하게 도색을 하고 박진감 넘치는 곡예비행을 선보여요.

잠수함도 잡고 인공위성도 떨어뜨리고 라디오 기지국 역할도 해요

바닷속을 조용히 다니는 잠수함을 잡는 비행기도 있고, 지구 궤도를 돌고 있는 인공위성을 미사일로 쏴서 떨어뜨릴 수 있는 특별한 능력을 가진 비행기도 있어요. 또 먼 거리에 떨어져 있는 군대끼리 연락할 수 있게 무전을 연결해주는 라디오 기지국 같은 역할을 하는 비행기도 있어요.

우리 생활에 도움을 주는 특수 임무 비행기들

큰불을 끄는 소방비행기

산불처럼 규모가 큰불은 소방차가 끌 수 없어요. 비행기나 헬기에 물탱크를 설치해 화재 진압용으로 쓰는 비행기들이 있어요. 불이 나면 화재 진압용 비행기나 헬기는 주변에 있는 강이나 호수에 가서 물탱크에 물을 담아요. 그리고 큰불이 난 지역으로 날아가서 물탱크를 공중에서 열죠. 그러면 엄청나게 많은 양의 물이 한꺼번에 불이 난 곳에 뿌려져요. 강이나 호수에서부터 불이 난 지역을 몇 번만 왕복하면 웬만큼 큰불도 금세 진압할 수 있다고 해요.

소방비행기 © Digital Media Pro / shutterstock.com

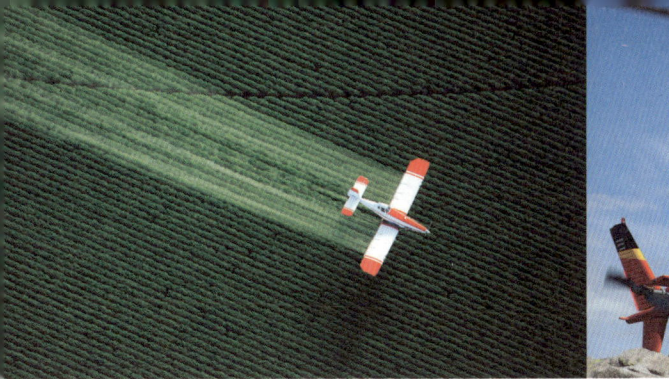

농업에 이용되는 비행기   응급구조헬기 ⓒ Ssnowball / Shutterstock.com

 하늘 위의 응급실, 응급구조헬기

일 분 일 초가 급한 환자가 생겼을 때 병원이 너무 멀거나 차가 너무 많이 밀리는 상황을 대비해 119에서는 응급구조헬기를 가지고 있어요. 등산을 하다가 다쳤거나 병원이 없는 섬에서 환자를 옮겨야 한다면 구급차가 갈 수 없을 거예요. 이럴 때 응급구조헬기는 생명을 지키는 아주 중요한 수단이 돼요.

응급구조헬기는 환자를 병원으로 옮기는 역할만 하는 것이 아니라 하늘에서 필요한 응급처치를 하게 돼요. 그래서 의사 역할을 하는 헬기라고 해서 '닥터 헬기'라는 별명이 붙었어요.

 우리 밥상도 비행기의 도움을 받아요

드넓은 논은 여름엔 푸른 벼로 가득 차 녹색의 바다처럼 보여요. 가을에는 황금빛 물결이 넘실대는 풍요로운 들판이 되죠. 이렇게 우리에게 아주 중요한 식량이 되는 벼를 가꾸기 위해서는 농부들이 1년 내내 많은 땀을 흘리며 노력해야 하죠. 옛날에는 소가 농사를 도와주었고, 지금은 농기계들이 도와주고 있지요.

비행기가 우리 일상생활로 들어오면서 소와 농기계를 대신하기도 해요. 특히 농기계로도 시간이 오래 걸리는 넓은 면적의 논에는 비행기가 꼭 필요하죠. 논에 벌레가 생기지 않도록 농약을 뿌리기도 하고, 벼들이 잘 자라도록 비료를 뿌릴 수도 있어요. 또 논에 문제가 있는지 없는지 영상이나 사진을 찍기도 하죠. 엄마가 정성으로 지어주는 맛있는 밥에는 비행기의 역할도 담겨 있다니 참 신기하죠?

> **오염을 측정하고 날씨를 관측해요**
>
> 공기 중에 있는 오염물질이 얼마나 있는지 오염도를 측정하는 비행기도 있어요. 또 태풍 등을 관측하기 위한 기상관측기가 있지요.

우주를 향한 꿈, 로켓

✈️ 로켓과 불꽃놀이는 비행하는 원리가 비슷해요

불꽃놀이를 상상해보세요. 심지에 불을 붙이면 심지가 타들어가다가 노란 불꽃을 내며 하늘 위로 솟아오르죠. 로켓은 원통 안에 연료를 채우고, 이것을 높은 온도와 높은 압력으로 태워요. 원통은 배기구를 통해 커다란 불꽃과 함께 엄청난 추진력을 내며 하늘로 솟아오르죠.

실제로 로켓의 역사는 7세기경 중국에서 세계 최초로 개발된 화약을 불꽃놀이를 하는 데 썼던 때까지 거슬러 올라가요. 불꽃놀이에 쓰던 화약이 11세기경부터 대포나 지금의 로켓 형태의 전쟁 무기로 쓰이면서 발전하게 되었지요.

✈️ 로켓은 산소가 필요 없어 우주까지 갈 수 있어요

로켓은 연료를 태워 만든 압력과 힘을 통해 추진력을 얻는다는 점에서 제트 엔진과 힘을 내는 방식 자체는 같아요. 제트 엔진은 외부의 공기를 빨아들여서 엔진 내부에서 연료를 태우지만, 로켓은 외부의 공기가 필요 없이 연료에 산화제를 섞어서 추진력을 얻는다는 다른 점이 있어요. 우주에는 산소가 없기 때문에 우주로 우주선이나 인공위성을 쏘아 올리려면 반드시 로켓을 써야 하죠.

세계 최초의 인공위성, 스푸트니크 1호

현대적 의미의 로켓이 처음 출현한 것은 제2차 세계대전이 한창이던 1944년이었어요. 독일의 천재 과학자 베르너 폰 브라운이 개발한 V-2 로켓은 적국을 때리기 위한 미사일로 쓰였죠. 그러다가 제2차 세계대전이 끝나고 미국과 소련은 냉전을 벌이며 경쟁적으로 무기를 개발했어요. 미국과 소련은 그 무렵 개발된 핵무기를 적국에 실어 나를 수 있는 수단으로 로켓을 선택했지요.

그러기 위해서는 로켓을 더 높이, 더 멀리 날아갈 수 있게 만들어야 했죠. 그렇게 미국과 소련은 치열한 우주 개발 경쟁을 통해 로켓의 성능을 향상시키기 시작했어요. 그리고 마침내 소련은 1957년 10월 4일 세계 최초의 인공위성인 스푸트니크 1호를 지구 궤도에 쏘아 올리는 데에 성공했어요.

인류 최초의 우주 비행사

1961년 4월 12일 보스토크 1호에 몸을 실은 소련의 유리 가가린은 우주에 갔다가 무사히 돌아왔어요. 인류 최초의 우주 비행사가 탄생한 거예요.

우주에 처음 간 생명체는 강아지였어요

인공위성 발사에 성공해 자신감이 붙은 소련은 인간을 우주로 보낼 계획을 세웠어요. 하지만 우주로 사람을 보낸다는 것은 무척이나 위험한 일이었기 때문에 먼저 동물을 보내서 무사히 살아 돌아오면 인간을 보내기로 했죠. 그렇게 해서 우주로 올라간 첫 생명체로 선택된 것은 라이카 품종의 암컷 강아지였답니다.

라이카는 원래 모스크바 시내를 떠돌던 유기견이었는데 우주로 보낼 개를 찾던 러시아 과학자들의 눈에 우연히 띄었어요. 강아지는 '쿠드랴프카'라는 이름을 얻고 모스크바 항공의학연구소에서 우주견으로 오랫동안 훈련을 받았어요. 마침내 1957년 11월 3일 쿠드랴프카는 스푸트니크 2호에 실려 발사돼 지구에서 우주로 간 최초의 생명체가 되었지요.

쿠드랴프카는 우주로 갔지만 불행히도 그 당시 기술력으로는 무사히 돌아올 수가 없었어요. 로켓이 발사될 때 생기는 엄청나게 높은 온도와 진동, 압력 때문에 생명체가 견딜 수 없었던 거예요. 쿠드랴프카의 고귀한 희생 덕분에 소련은 생명체가 우주에 갔다가 지구로 무사히 돌아올 수 있는 생명 유지 시스템을 개발할 수 있었어요.

스푸트니크 1호

우주 정거장

지구 밖으로의 여행, 인공위성과 우주 비행사

🛩️ 미국과 소련의 달 탐사 경쟁

미국은 소련이 인류 최초의 우주 비행사인 유리 가가린을 우주에 보낸 지 약 1년 만인 1962년 2월 20일에 우주 비행사를 지구 궤도에 쏘아 올렸어요.

'인류 최초'라는 타이틀을 소련에 빼앗긴 미국은 더 높은 목표를 바라보기 시작했지요. '소련은 지구 궤도에 인공위성과 우주 비행사를 보냈지만 우린 그보다 훨씬 먼 달로 사람을 보내겠다'라고 말이죠. 1961년 당시 미국의 대통령이었던 존 F. 케네디 대통령이 1960년대가 가기 전까지 인간을 달에 보내겠다고 전 세계에 발표했어요. 소련 역시 케네디 대통령의 발표를 듣고 달 탐사에 필요한 기술 개발에 뛰어들었지요.

인류 최초로 달 표면에 발을 내디딘 닐 암스트롱

국가의 모든 것을 쏟아부었던 미국이 소련보다 먼저 우주 비행사를 달 표면에 착륙시키면서 승리를 거뒀어요. 1969년 7월 21일, 인류 최초로 달 표면에 발을 내디딘 미국의 닐 암스트롱은 달 표면에 내리면서 아주 유명한 말을 남겼어요.

"이것은 한 명의 인간에게는 작은 발걸음이지만, 인류에게는 위대한 도약이다."

인간이 327km 높이의 지구 궤도에 처음으로 올라간 건 1961년이었어요. 그런데 지구로부터 무려 38만km가 넘는 거리에 있는 달에 처음으로 발을 내딛기까지는 불과 8년밖에 걸리지 않았지요. 인류의 우주 기술은 미국과 소련이 정정당당하게 경쟁하면서 더 빨리 발전할 수 있었어요.

닐 암스트롱 기념우표

다른 나라들도 협력해 우주 개발에 힘쓰고 있어요

달을 정복한 인류는 좀 더 발전된 기술로 우주 개발을 할 수 있게 되었어요. 하지만 여전히 기술이 앞서 있던 미국과 소련이 우주 개발을 독점하고 있었지요. 미국과 소련도 나름대로 고민이 많았어요. 우주 개발은 비용이 너무 많이 들어서 감당하기 어려울 정도였거든요.

그래서 우주 개발 비용을 세계 여러 나라와 나누어 부담하고 대신 전 세계의 우주 비행사들을 우주로 보낼 수 있는 우주 정거장을 만들게 되었어요. 지상으로부터 350km 높이의 지구 궤도에 지어진 우주 정거장 덕분에 전 세계의 우주 비행사들이 항상 머물 수 있게 되었고, 우주왕복선을 통해 비행사와 물자를 운반할 수 있게 되었지요.

> **우리나라 최초의 우주 비행사**
>
> 우리나라도 우주 정거장 덕분에 이소연 씨를 우주로 보낼 수 있었어요. 이소연 씨는 2008년 4월 8일 러시아의 소유스 TMA-11 우주선을 타고 우주 정거장으로 가 여러 우주 관련 연구를 수행하고 10일 만에 무사히 돌아왔어요.
>
>

별을 향해 쏘다, 우주 탐사선

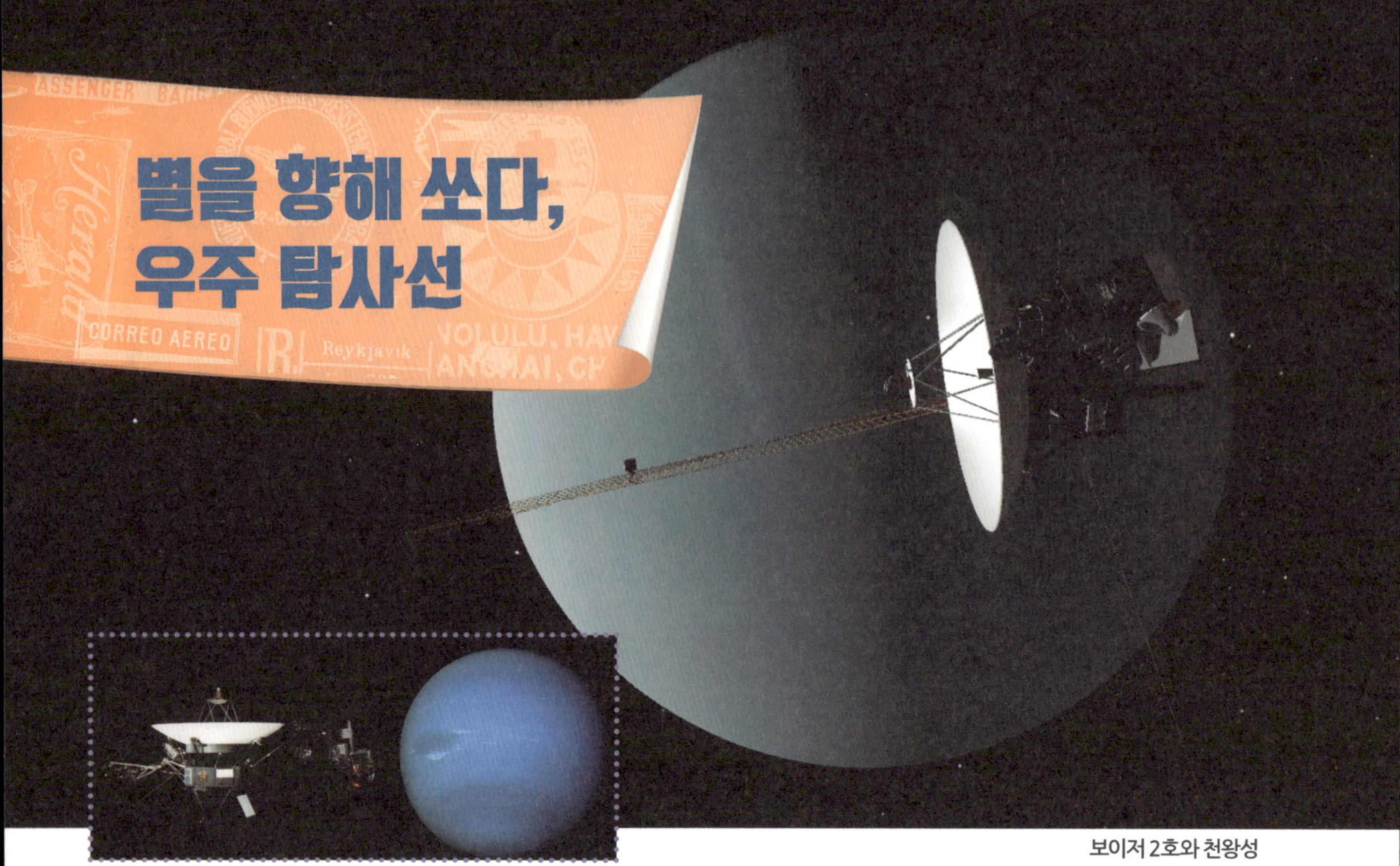

보이저 2호와 해왕성

보이저 2호와 천왕성

 달을 정복한 인류는 태양계 탐사를 시작했어요

우리 인류는 지구로부터 많은 자원을 캐내어 살아가고 있어요. 지구의 자원이 모두 고갈되는 아주 먼 미래에 인류는 다른 행성에 가서 살아야 할지도 몰라요. 인류는 이제 달 너머 다른 행성들이 있는 태양계로 여행을 시작했어요. 우주 탐사 역시 미국과 소련이 경쟁적으로 나섰어요.

 금성과 화성 탐사

지구 밖 행성 중 가장 먼저 도전하게 된 곳은 금성이었어요. 별이 빛나는 맑은 밤하늘을 바라보면 가장 밝게 빛나는 별을 찾을 수 있을 거예요. 그 별이 바로 '샛별'이라고도 부르는 금성이에요. 지구와 가장 가까워서 탐사하기도 가장 쉬웠어요.

몇 번의 실패 끝에 소련은 1970년 12월 15일 탐사선 베네라 7호를 금성 표면에 착륙시키는 데에 성공했어요. 이것은 인류가 만든 인공물로서 지구 이외의 행성에 착륙한 최초의 사례가 되었지요. 그로부터 6년 뒤인 1976년 7월 20일 미국은 바이킹 1호를 세계 최초로 화성 표면에 착륙시켜 소련과의 우주 개발 경쟁을 계속했답니다.

달 표면에 직접 발을 내디뎠던 것과는 달리 금성과 화성 지표면을 밟은 것은 탐사선이 대신했지요. 금성과 화성 탐사 성공으로 인류는 더 먼 태양계 행성들로 여행할 채비를 할 수 있었어요.

태양계 순서

수성·금성·지구·화성·목성·토성·천왕성·해왕성 순으로 태양과 멀어요. 태양으로부터 가장 멀리 떨어져 있는 행성인 해왕성은 지구로부터 43억 6천만km나 떨어져 있어요.

보이저 2호는 위대한 항해를 계속하고 있어요

우리가 꼭 기억해야 하는 탐사선이 있어요. 바로 '위대한 항해자'라고도 불리는 보이저 2호예요. 1977년 8월 20일 발사된 보이저 2호는 지구 바깥의 행성들을 탐사하고 태양계 밖으로 나가는 거대한 계획으로 발사된 탐사선이에요.

보이저 2호는 1979년에 목성, 1981년에 토성, 1986년에 천왕성, 1989년 2월에 해왕성을 지났어요. 각각의 행성을 지날 때 많은 사진을 찍어 지구로 보냈어요. 목성과 토성까지 날아간 다른 탐사선도 있었지만, 보이저 2호는 천왕성과 해왕성을 방문한 유일한 탐사선이에요. 우리가 인터넷이나 책에서 보는 천왕성과 해왕성의 사진은 모두 보이저 2호가 찍은 것이랍니다.

보이저 2호는 2013년 9월 13일 태양계를 완전히 벗어나 은하계인 성간우주로 나갔어요. 보이저 2호는 싣고 있는 전지가 다 소모되기 전까지 우리에게 소중한 사진들을 보내오며 위대한 항해를 계속하게 될 거예요.

태양계

못다 한 이야기 ②

우리나라도 우주선을 날려 보내요

철탑처럼 생긴 발사대에 로켓이 서 있어요. 고개를 들어서 봐야 할 정도로 하늘 높이 우뚝 솟아 있어요. 10, 9, 8, …… 3, 2, 1. 카운트다운이 끝나자 천둥소리 같은 굉음이 울리면서 로켓이 날아오르기 시작해요. 하얀 연기가 뭉게구름처럼 피어오르고, 발사대를 떠난 로켓은 어느새 점이 되어 하늘로 사라져요. 해외 뉴스에서 종종 볼 수 있는 로켓 발사 장면이에요. 우주로 날아가는 로켓을 보면 가슴이 설레요. 이제 이런 모습을 우리나라에서도 볼 수 있어요.

✈ 나로호는 100kg급 인공위성을 지구 저궤도로 올려 보내는 로켓이에요

나로호는 우리나라 한국항공우주연구원과 러시아 흐루니체프가 공동으로 만들었어요. 2013년에 발사에 성공해 우리나라는 세계에서 열한 번째로 우주선을 발사한 나라가 됐답니다.

나로호가 발사에 성공하기까지 과정이 쉽지는 않았어요. 2009년 8월 18일 발사를 시도했지만 소프트웨어에 문제가 생겨서 8월 25일에 다시 발사했어요. 잘 날아올랐지만 기체에 이상이 생겨서 목표 궤도에 진입하지는 못했어요. 2차 발사는 2010년 6월 10일이었어요. 발사는 성공했지만 지상과 통신이 끊겼어요. 연구원에서는 폭발한 것으로 추정하고 있어요. 이후 2013년 1월 30일에 3차 발사에 성공했답니다. 나로호는 러시아와 함께 만들었기 때문에 순수 우리 기술은 아니에요. 2021년에는 한국형 발사체를 쏘아 올릴 계획이에요. 그렇게 되면 진정한 우주 강국 자리에 올라서게 된답니다.

나로호의 실물 크기 모형

나로우주센터

✈ 우주 센터는 아무 곳에나 만들 수 없어요

우주 센터는 로켓 발사와 더불어 개발이 이뤄지는 우주 사업의 중심지예요. 우주 강국인 미국과 일본, 중국 등은 우주 센터만 4~7개 정도 보유하고 있어요.

로켓은 날아가면서 2단 또는 3단 분리를 해요. 분리해서 떨어진 로켓의 일부가 사람이 많은 곳에 떨어지면 안 돼요. 발사된 로켓이 추락하거나 공중에서 폭발해 잔해가 떨어질 수 있기 때문에 사람 사는 곳과 거리가 있어야 해요.

주변 나라의 위치도 고려해야 해요. 발사한 로켓은 고도 100km까지는 외국의 영공을 지나가면 안 된답니다. 우리나라는 사방에 주변 국가들이 위치하고 있어서 로켓 발사 경로를 잡기가 쉽지 않아요.

기상 조건도 맞아떨어져야 한답니다. 날씨 때문에 발사가 연기되거나 로켓이 파손되면 안 되기 때문에 기후 변화가 적은 곳이어야 해요. 발사할 인공위성의 궤도도 따져야 해요. 지구 자전속도의 혜택을 볼 수 있는 적도와 가까운 곳일수록 좋다고 해요. 가능한 한 저위도 지방에 위치하는 게 발사에 유리해요.

> **🎈 스페이스 클럽**
>
> 우주 발사체를 독자적으로 개발하고 자기 나라 위성을 발사하는 데 성공한 나라들을 말해요. 러시아, 미국, 프랑스, 일본, 중국, 영국, 인도, 이스라엘, 이란, 북한 등 모두 10개국이에요.

✈ 로켓을 발사하는 나로우주센터

전라남도 고흥에 있는 나로우주센터는 이런 조건을 모두 고려해서 선정한 곳이에요. 나로우주센터에 가면 발사장 외에도 우주과학관이 자리 잡고 있어요. 작동 체험을 할 수 있는 30여 종을 포함해 모두 90여 종의 전시물이 있어요. 입체영상도 볼 수 있어서 즐거운 시간을 보낼 수 있답니다.

케네디 우주 센터 케네디 우주 센터

3부
미래의 비행기

3부는 미래의 비행기를 보여줘요. 전기로 날아가는 비행기부터 시작해서 태양광 비행기와 개인용 비행기 등 다양한 비행기가 나와요. 미래에는 어떤 오염 물질도 배출하지 않아 바이오 연료보다도 더욱 친환경적인 연료로 꼽히는 수소 비행기에 대한 기대가 커요. 꽉 막힌 도로에서 자동차의 양옆에서 날개가 나와 하늘로 날아오르는 '하늘을 나는 자동차'도 이제 현실이 되고 있어요. 땅에서는 자동차였다가 하늘을 날 때는 비행기가 되는 거죠. 미래의 여객기 모습은 날개와 동체가 하나로 합쳐진 가오리 모양의 여객기예요.

전기 비행기

E-팬 ⓒ De Visu / Shutterstock.com

 ### 전기 비행기의 역사는 1800년대까지 거슬러 올라가요

전기 비행기의 시초는 1883년 프랑스의 화학자 가스통 티상디에가 비행선에 전기 모터를 장착한 것이에요. 물론 지금처럼 친환경을 목적으로 한 것은 아니었어요. 당시 널리 쓰인 증기기관이 너무 무거웠기 때문에 이를 대신할 동력으로 전기를 쓴 거죠. 하지만 석유를 쓰는 내연기관이 등장하면서 전기는 비행기 동력으로는 한동안 자취를 감추었어요.

 ### 석유 파동으로 다시 주목받았어요

1973년 서아시아에서 전쟁이 일어난 뒤 석유를 생산하던 나라들이 갑자기 석유 가격을 올리기 시작했어요. 그 바람에 전 세계 경제가 휘청거렸죠. 물가는 오르고

경제성장률은 낮아졌어요. 또 1978년에도 대표적인 산유국이었던 이란이 석유 생산을 중단했어요. 이렇게 두 차례의 석유 파동으로 세계는 석유에 의존하지 않는 에너지를 찾으려 고심하게 되었답니다. 그중 하나가 오래전 등장했다가 석유에 밀려 관심 밖으로 사라졌던 전기였어요.

MB-E1

세계 최초의 전기 비행기, MB-E1

1973년 10월 23일 오스트리아에서 세계 최초의 전기 비행기인 MB-E1이 첫 비행에 성공했어요. MB-E1은 전기 비행기 역사에서 굉장히 중요한 비행기예요. 이전에 전기를 동력으로 하늘을 날고자 했던 많은 시도와는 달리 처음으로 친환경을 목적으로 했기 때문이에요. 또한 이전에는 전기 모터 자체의 힘으로만 날려고 하다 보니 전기 모터에 많은 부하가 걸려서 아주 짧은 시간만 비행할 수 있었어요. 조금만 비행시간이 길어지면 전기 모터가 타버리기 일쑤였죠. 하지만 MB-E1은 니켈카드뮴 전지로 전기 모터를 돌리기 때문에 더 긴 시간을 비행할 수 있었어요.

2018년부터 일상에서 사용돼요

전기 비행기는 세계 곳곳에서 개발 중이에요. 특히 환경에 대해 엄격한 유럽을 중심으로 한창 개발되고 있지요. 가장 대표적인 전기 비행기는 여객기 메이커로 유명한 에어버스에서 개발 중인 E-팬이라는 비행기예요.

2014년에 첫 비행에 성공한 E-팬은 보통 플라스틱보다 훨씬 강하고 가벼운 탄소 플라스틱으로 만들어져 무게가 500kg밖에 나가지 않아요. 2명이 탑승할 수 있는 E-팬은 전기 모터 2개가 달려 있고, 최고 속도도 시속 220km를 내며 한 시간 동안 비행이 가능해요. E-팬은 2018년 처음으로 상용화되는 전기 비행기가 된답니다. 곧 전기 비행기가 하늘을 자유롭게 날아다니는 것을 볼 수 있게 될 거예요.

수소 비행기

HY4

 오염 물질을 전혀 배출하지 않아요

    물은 수소와 산소가 합쳐져 만들어진다는 것을 배웠을 거예요. 수소 비행기는 탱크에 수소를 채워 공기 중의 산소와 반응할 때 생기는 전기로 모터를 돌려서 나는 비행기예요. 수소 비행기는 수소와 산소만을 연료로 쓰기 때문에 이 둘이 만날 때 생기는 물만 배출해요. 그 어떤 오염 물질도 배출하지 않아 바이오 연료보다도 더욱 친환경적인 연료지요.

세계 최초로 사람을 태운 수소 비행기, HY4

세계 최초로 사람을 태우고 100% 수소만을 이용해서 비행에 성공한 것은 독일에서 개발한 HY4라는 실험기예요. 2016년 9월 29일 첫 비행에 성공했죠. 두 개의 동체를 합쳐놓은 듯한 구조에 9kg 용량의 수소 탱크가 연결된 프로펠러 엔진이 가운데에 있는 아주 특이한 형태를 하고 있어요.

환경에 전혀 해롭지 않은 수소 비행기는 왜 아직 널리 쓰이지 못할까요?

수소는 부피가 매우 큰 기체예요. 수소 비행기의 가스탱크에 저장을 하려면 높은 압력을 가해 액체 상태로 만들어 보관해야 하는데, 이때에는 비용이 많이 들어요. 또 탱크 안에 저장된 수소를 공기와 합쳐 전기를 만들어내기 위해서는 촉매가 필요한데 이 촉매로 쓰는 것이 값이 무척 비싼 백금이에요. 무엇보다 수소는 폭발력이 강하기 때문에 폭발 위험이 대단히 커서 위험한 기체예요. 안전을 무엇보다 최우선으로 하는 비행기에 적합하지 않죠.

이러한 한계들을 넘기 위해 과학자들이 열심히 연구를 하고 있답니다. 저렴한 비용으로 안전하게 수소를 수소 탱크에 넣는 방법, 그리고 현재 촉매로 쓰고 있는 값비싼 백금 대신 저렴한 다른 재료들을 찾고 있는 중이지요.

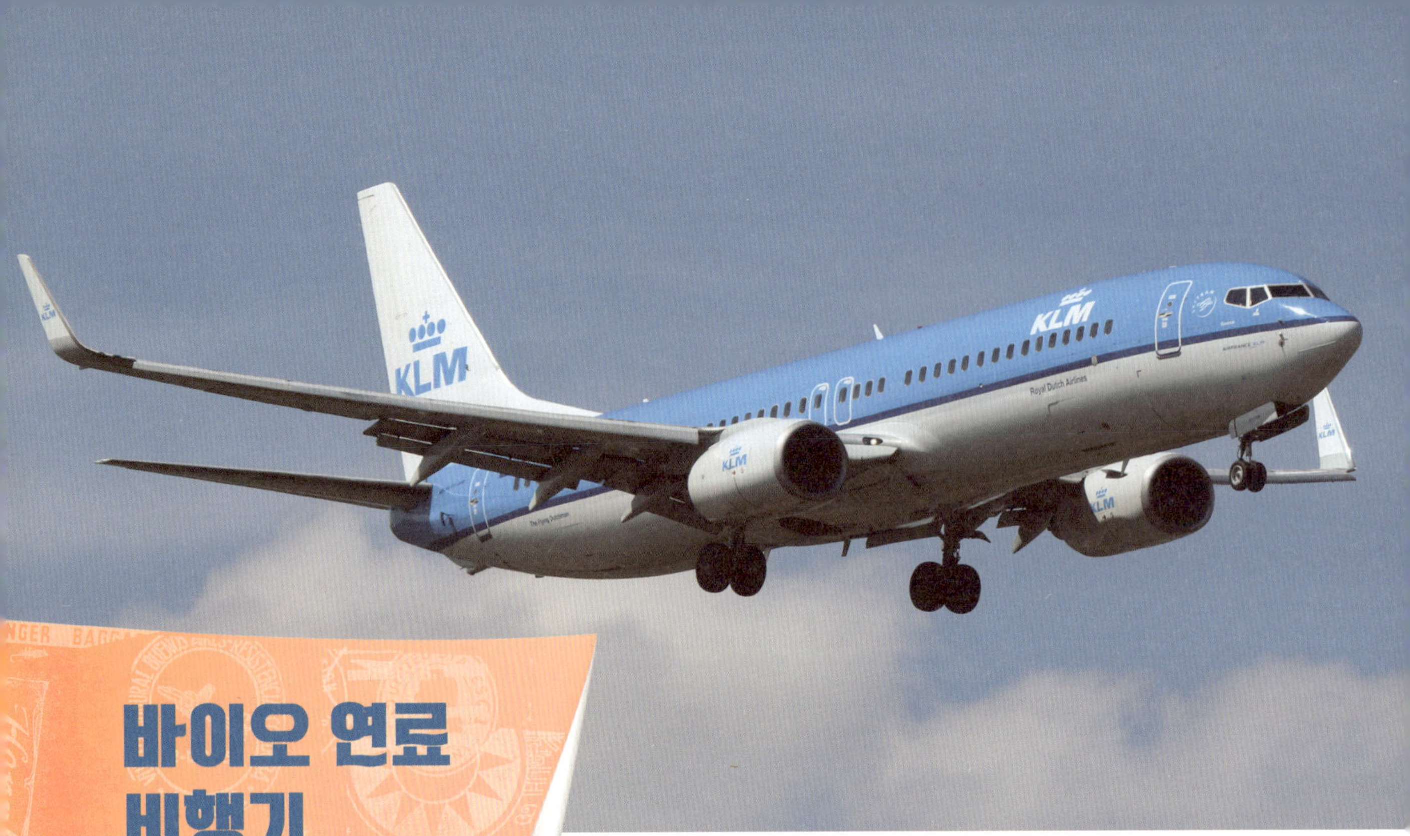

바이오 연료 비행기

KLM의 보잉 737
© Nicolas Economou / Shutterstock.com

바이오 연료는 오염 물질이 아주 적게 나오고 석유만큼 효율이 좋아요

바이오 연료는 옥수수, 사탕수수, 식물성 기름, 썩은 나무, 바다에 있는 해조류, 동물의 지방 등 자연에서 얻어지는 재료들로 만드는 친환경 연료예요. 바이오 연료가 다른 친환경 비행기처럼 오염 물질이 전혀 안 나오는 것은 아니지만 석유만큼 힘과 효율이 좋다는 장점이 있어요.

바이오 연료는 아직 안전을 장담하지 못해요

바이오 연료는 안전성이 아직 검증되지 않았기 때문에 석유에 섞어서 비행을 하고 비행 안전에 이상이 없다면 바이오 연료의 비율을 점차 늘려가는 식으로 시험을 진행하고 있답니다. 미국과 유럽의 항공기 제작사들의 실험기에서는 100% 바

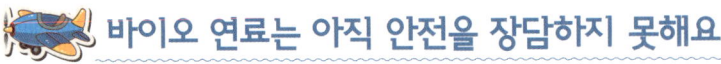

이오 연료로 비행에 성공한 사례가 많아요. 하지만 많은 승객을 싣는 여객기에서는 부담이 커서 100% 바이오 연료만을 써서 승객들을 실어 나르는 여객기는 아직 등장하지 않고 있어요.

🚁 세계 최초의 바이오 연료 비행

실험이 아닌 실제 승객을 태우고 바이오 연료로 운항을 한 것은 네덜란드의 국적 항공사인 KLM의 보잉 737이 세계 최초가 되었어요. 채소에서 얻은 식물성 기름인 바이오 연료를 석유에 섞어 넣었던 것이죠. KLM의 737은 2011년에 171명의 승객을 태우고 네덜란드의 수도 암스테르담에서 프랑스 파리까지 무사히 비행에 성공했어요.

✈️ 바이오 연료는 안전하면서도 경제적이에요

이들은 지금은 개발 초기라 가격이 비싸고 널리 쓰이지 못하고 있어요. 하지만 저렴한 가격과 친환경성으로 머지않아 기존 석유 연료를 대신할 수 있을 거예요. 많이 생산될수록 가격은 낮아지기 때문에 바이오 연료는 널리 쓰이면 쓰일수록 저렴해져요. 비행기는 앞으로 그 어떤 교통수단보다 숫자가 많이 늘어날 것이기 때문에 장기적으로 환경 보호에 매우 중요하답니다. 특히 우리나라처럼 석유가 나지 않아서 석유를 수입하는 나라에게는 경제적으로도 큰 도움이 되겠죠?

틸트로터

MV-22 오스프리

 ### 공상과학영화에 자주 등장하는 틸트로터

영화 속에서 활주로 없이 수직 이착륙과 비행을 자유롭게 하는 거의 모든 비행기가 틸트로터예요. 그만큼 미래의 교통수단으로 인기를 끌 비행기인 거죠.

 ### 헬리콥터처럼 이착륙하고 프로펠러처럼 날아요

틸트로터tiltrotor에서 틸트tilt는 '방향을 바꾸다', 혹은 '위아래로 움직인다'라는 뜻이고, 로터rotor는 헬리콥터 위에 달린 커다란 프로펠러를 말해요. 즉 틸트로터는 커다란 로터가 방향을 바꾸어 움직일 수 있는 비행기란 뜻이죠. 평균 시속이 250~300km 정도 되는 헬기에 비해 프로펠러기는 평균 시속이 500~600km 정도

예요. 헬기보다는 훨씬 빠른 거죠. 그러니까 수직으로 이착륙할 수 있는 헬리콥터의 장점과 속도가 헬리콥터보다 훨씬 빠른 프로펠러기의 장점을 동시에 갖춘 비행기가 바로 틸트로터인 거예요.

군용기로만 쓰이고 있어요

틸트로터는 미국 군대에서 MV-22 오스프리라는 이름으로 쓰고 있지요. 미국의 헬리콥터 제작사로 유명한 벨과 프로펠러·제트기 제작사로 유명한 보잉이 힘을 합쳐 만들었어요. 틸트로터 기술은 현재까지 매우 고난이도의 기술이에요. 미국 군대에서 점점 널리 쓰이고 있지만 개발 기간이 무려 20년이 넘게 걸렸고 사고가 여러 번 나서 인명 피해도 많았어요. 그렇게 어려운 개발 과정을 거쳐 오늘날 실용화될 수 있었어요.

미래 비행기의 요건

비행기가 자동차만큼 널리 쓰이지 못하는 이유가 넓고 긴 활주로를 필요로 한다는 점 때문이거든요. 긴 활주로를 갖춘 공항이나 비행장은 안전이나 소음 문제 때문에 사람이 사는 곳이나 도심에서 되도록 먼 곳에 있어야 하죠. 물론 헬리콥터는 위아래 수직으로 이착륙이 가능하지만 비행기 중 가장 속도가 느리고 실을 수 있는 승객과 화물이 그리 많지 않다는 단점이 있죠. 만약 여객기 같은 큰 비행기들이 수직 이착륙이 가능해진다면 지금처럼 거대한 크기의 공항이 필요도 없을 거예요. 마치 기차역이나 버스터미널같이 도심에 공항이 있게 되는 날이 오는 거예요.

민간용은 아직 실용화되지 않았어요

현재는 이탈리아의 헬리콥터 제작사 중 하나인 아구스타웨스트랜드가 AW609라는 민간용 틸트로터를 개발 중이에요. 개발을 시작한 지 벌써 20년 정도가 흐르고 있어요. 그만큼 혼자 힘으로 만들기에는 틸트로터 기술이 어려워서 먼저 개발에 성공한 미국의 벨이 개발에 도움을 주고 있지요. 덕분에 개발에 속도가 나고 있어서 AW609는 가장 먼저 실용화될 틸트로터가 될 거예요.

MV-22 오스프리 / AW609

하이브리드 헬리콥터

하이브리드 비행기

하이브리드 비행기의 두 가지 의미

보통의 비행기 엔진에 전기 모터를 결합하는 비행기를 말해요. 전기 비행기부터 수소 비행기, 태양광 비행기는 동력을 전기로 바꾸는 수단이 다를 뿐 모두 하이브리드 비행기에 포함돼요.

하이브리드 비행기는 자동차에는 없는 또 다른 뜻이 있어요. 각각 다른 종류의 비행기 모양을 합친 비행기도 하이브리드 비행기예요. 제트기나 프로펠러기 같은 고정익 비행기와 헬리콥터 같은 회전익 비행기의 특성을 섞어서 만든 새로운 모양의 복합 비행기예요.

서로 다른 비행기의 특성을 합쳐서 새로운 모양의 비행기를 만드는 이유

하이브리드 자동차
석유 같은 연료로 돌리는 엔진에 전기 모터를 추가한 자동차를 말해요. 연료로 내는 힘에 전기의 힘을 더하면 같은 속도로 달려도 연료가 절약되죠.

각 비행기 형태의 장점을 동시에 갖기 위해서예요. 하지만 하이브리드 항공기는 아직 실용화되지는 못하고 있어요. 장점을 동시에 갖는 것은 기술적으로 매우 어렵기 때문이에요. 물론 성능을 어느 정도까지 이끌어내는 것은 연구와 투자를 많이 하면 할 수 있는 일이겠죠.

하지만 더 큰 어려움이 있어요. 무엇보다 비행기는 안전이 중요하잖아요. 비행기는 항상 성능과 안전이라는 두 마리 토끼를 동시에 잡아야 해요. 하이브리드 비행기는 서로 다른 형태의 비행기의 장점을 모두 갖추고 있긴 하지만 안전은 아직 검증되지 않았어요.

현재 활발하게 연구되고 있는 하이브리드 비행기는 주로 헬리콥터예요

하이브리드 헬리콥터들은 단 하나의 목표를 위해 개발되고 있어요. 바로 속도예요. 헬리콥터는 평균 시속 250~300km로 날아요. 자동차에 비하면 엄청 빠른 속도이긴 하지만 비행기 중에서는 가장 느린 속도이지요. 대신 헬리콥터는 수직으로 이륙과 착륙이 가능해서 넓은 공항이나 활주로가 필요 없어요. 그래서 비행기 디자이너들은 프로펠러기만큼 빠르면서도 수직 이착륙이 가능한 헬리콥터의 장점을 모두 합친 비행기를 연구했어요.

그 결과 만들어진 것이 틸트로터지만 틸트로터는 로터(프로펠러)의 방향을 움직이게 만들어야 해서 엄청나게 비싸고 또 안전하지 못해서 비행 중 사고가 많이 났어요. 그래서 틸트로터보다 더 안전하고 저렴하며 빠르게 날 수 있는 방법으로 생각해낸 것이 바로 하이브리드 헬리콥터예요. 일반적인 헬리콥터 모양에 로터나 프로펠러를 추가하는 다소 특이한 형태로 만들기로 한 거죠.

현재 개발되고 있는 하이브리드 헬리콥터는 최고 속도가 400km를 거뜬히 넘는다고 해요. 보통의 헬리콥터로는 상상할 수 없을 만큼 엄청나게 빠른 속도예요. 하이브리드 헬리콥터의 개발과 실용화를 위해 선의의 경쟁을 펼치고 있는 미국과 유럽 덕분에 우리는 가까운 미래에 하이브리드 헬리콥터를 타볼 수 있게 될 거예요.

태양광 비행기

솔라임펄스 2호 ⓒ Frederic Legrand - COMEO / Shutterstock.com

 무한한 에너지를 이용하는 비행기

태양광은 무한한 자원이에요. 태양이 없어지지 않는 한 계속 쓸 수 있고, 오염물질을 배출하지 않아 환경을 파괴하지도 않죠. 태양광 비행기는 환경도 생각하고, 연료가 고갈되어 없어질 걱정도 없기 때문에 미래의 비행기로 전 세계의 관심을 한 몸에 받고 있답니다.

 **태양광을 에너지로 바꾸는 태양전지 판이 필요해요**

주로 실리콘으로 만들어지는 태양전지 판은 태양광을 반사시키지 않고 최대한 많이 흡수하는 검은색으로 되어 있어요. 태양광 비행기의 원리는 날개 위나 동체 위에 빼곡히 붙여놓은 태양전지 판이 태양광을 흡수하면서 생긴 태양열을 전기로 바꿔 프로펠러가 달린 전기 모터로 보내면 모터가 돌아가는 거예요.

전기 비행기가 배터리에서 전기를 꺼내 쓴다면, 태양광 비행기는 전기를 즉석에서 만들어 배터리에 보관하죠. 결국 전기 모터를 돌리는 것은 같지만 전기를 얻는 과정은 다르다고 할 수 있어요.

밤이나 날이 흐릴 때는 태양광을 얻을 수 없어요

태양광 비행기가 안전하게, 그리고 오래 날기 위해서는 해결해야 할 문제가 많아요. 결국 낮에 최대한 많은 전기를 만들어 배터리에 보관해야 하죠. 그러기 위해서는 태양전지 판을 비행기에 덕지덕지 붙여야 하죠. 그렇다고 무한정 태양전지 판을 붙일 수도 없어요. 그만큼 무게가 늘어나기 때문이에요. 태양전지 판의 무게뿐 아니라 배터리의 무게까지도 늘어나면 그만큼 더 에너지를 소모하게 된답니다.

태양전지 판

이 문제 때문에 대부분 태양광 비행기들은 날개가 극단적으로 길고, 동체는 매우 가볍게 만들어요. 그러다 보니 많은 사람을 태울 수 없다는 단점도 있죠. 태양광 비행기는 더 나은 비행 성능과 안전성을 가지기 위해 지금도 활발하게 연구가 진행되고 있어요. 다만 아직까지는 값도 비싸고, 날씨와 상관없이 안전하게 비행하기 위해서는 아직 갈 길이 멀어요.

솔라임펄스의 도전

태양광 비행기로 가장 유명한 것은 스위스의 솔라임펄스라는 제작사가 만드는 솔라임펄스 시리즈예요. 솔라임펄스는 세계 최초로 열기구를 타고 세계 일주에 성공한 베르트랑 피카르와 스위스의 조종사 출신의 사업가인 앙드레 보슈베르가 태양광 비행기로 세계 일주를 하겠다는 야심 찬 포부를 이루기 위해 창업한 회사예요. 이들은 솔라임펄스 1호와 2호를 만들어 세계 일주에 도전했지요.

솔라임펄스 2호는 날개 길이만 72m가 넘어요. 날개와 동체에 1만 7,000여 개의 태양전지 판이 붙어 있고, 4개의 전기 모터로 시속 140km로 날 수 있었답니다.

 솔라임펄스의 기록

2015년 3월 9일 아랍에미리트를 출발한 솔라임펄스 2호는 이듬해인 2016년 7월 26일 505일간 세계 여러 나라를 돌고 다시 아랍에미리트에 착륙했어요. 세계 최초로 석유는 단 한 방울도 쓰지 않고 총 4만 2,000km의 세계 일주 비행에 성공한 최초의 비행기가 되었답니다.

개인용 비행 자동차 (PAV)

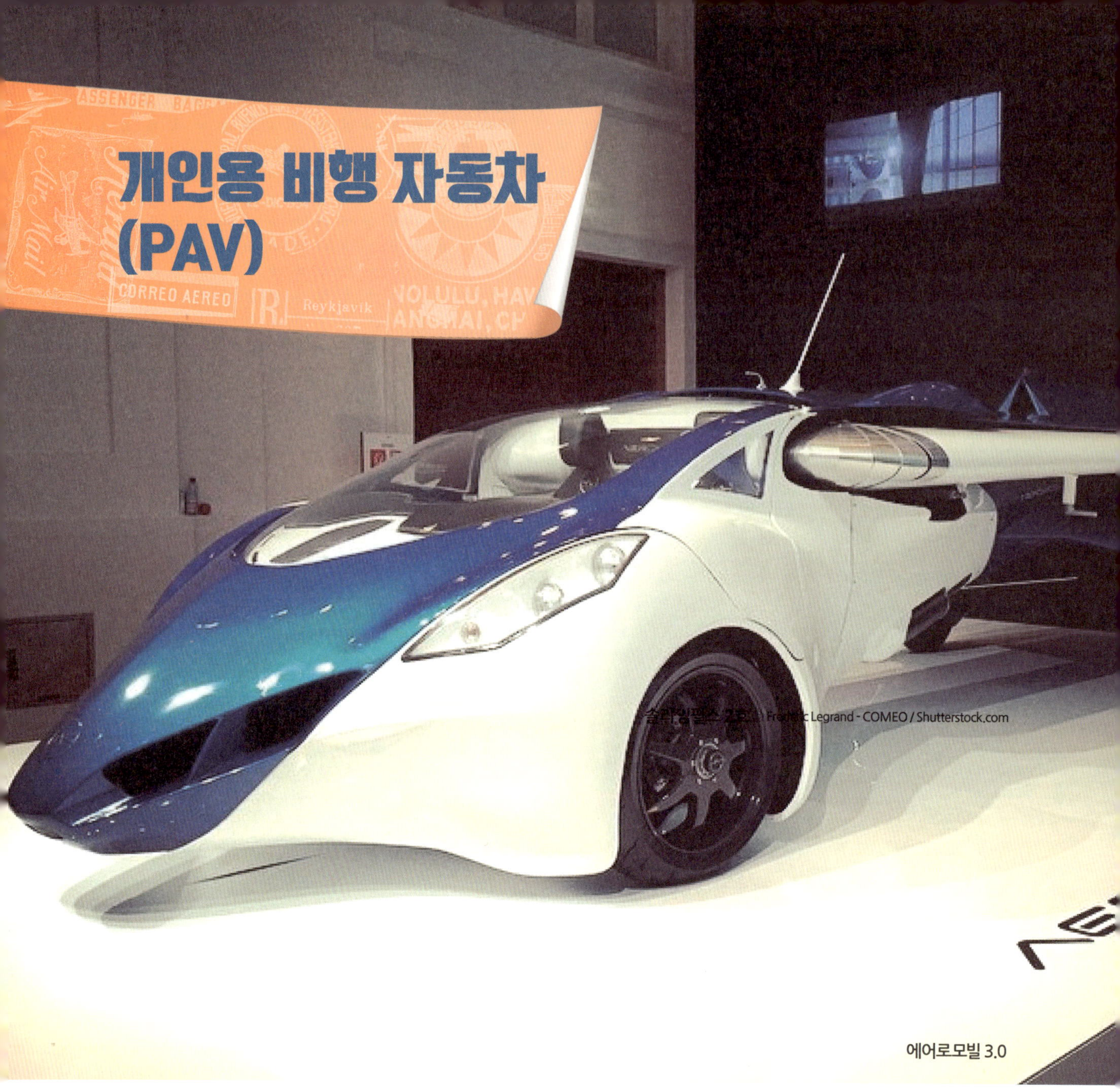

Frédéric Legrand - COMEO / Shutterstock.com

에어로모빌 3.0

미래의 자동차는 어떤 모습일까요?

영화를 보면, 꽉 막힌 도로에서 자동차의 양옆에서 날개가 나와 하늘로 날아오르는 장면을 볼 수 있어요. '하늘을 나는 자동차'는 이제 상상이 아니라 현실이 되고 있어요. 땅에서는 자동차였다가 하늘을 날 때는 비행기가 되는 거죠. 바로 개인용 비행 자동차Personal Aerial Vehicle(PAV)랍니다.

 자동차와 비행기의 단점을 보완하고 서로의 장점을 강화한 비행기

PAV는 자동차처럼 조종이 쉬우면서도 교통체증을 겪을 필요도 없고, 자동차보다 빠른 새로운 개인용 운송 수단이에요. PAV는 자동차가 본격적으로 보편화되던 시절부터 많은 사람이 상상했던 미래의 운송 수단이었어요. 아직까지 완벽한 PAV는 등장하지 않고 있어요. 게다가 안전성 문제 역시 더 보완이 필요해요. 그러나 그 어떤 미래의 비행기보다도 많은 연구가 이루어졌죠. 우리나라를 포함해 미국, 유럽과 같은 선진국에서 연구와 투자가 많이 진행되고 있지요. 그래서 미래 비행기 중 가장 빨리 보편화될 거예요.

상용화를 눈앞에 둔 리버티 파이어니어

네덜란드의 'PAL-V 원'에서 만든 PAV인 리버티 파이어니어와 리버티 스포츠는 이미 주문을 받고 있을 정도로 상용화를 눈앞에 두고 있어요. PAL-V는 상용화를 준비하고 있는 다른 PAV와는 다르게 헬기처럼 회전익이 있어요. 두 명이 탈 수 있고 도로에서는 시속 180km로 최대 1,200km를 주행할 수 있죠. 공중에서는 시속 180km로 최대 500km까지 날 수 있어요.

세계가 열광한 에어로모빌 3.0

PAL-V는 주문을 더 빨리 받기 시작했을 뿐, 가장 이상적인 모습과 성능의 PAV는 슬로바키아의 에어로모빌이 만든 에어로모빌 3.0이에요. 에어로모빌 3.0은 아직 시장에 나오지 않았지만 여러 차례의 시험 주행과 시험 비행을 사람들에게 공개하면서 세상을 열광하게 했어요.

무게가 450kg밖에 나가지 않아 경차보다도 가볍고, 날개를 접으면 일반 차량이 주차하는 곳에 주차할 수도 있을 만큼 크기도 적당해요. 연료도 일반 자동차와 똑같은 가솔린을 사용하기 때문에 편하게 주유소를 이용할 수 있어요. 다만 다른 PAV보다 활주 거리가 길다는 것이 단점이에요. 즉 뻥 뚫린 도로에서만 이륙이 가능하고, 차가 밀리는 도로에 있다면 프로펠러를 가진 다른 PAV처럼 수직으로 이륙하거나 착륙할 수 없어요.

못다 한 이야기 ③
미래의 여객기는 어떤 모습일까요?

✈ 비행기 모양이 거의 바뀌지 않은 이유

여객기는 만든 회사나 크기, 엔진의 개수는 모두 제각각이지만 전체적인 모습은 거의 비슷해요. 라이트 형제가 처음 비행기를 제작했을 때의 모습과 크게 다르지 않죠. 지금의 형태가 현재 기술로는 가장 적은 연료와 비용으로 가장 많은 승객과 짐을 실어 나를 수 있기 때문이에요.

✈ 비행기 모양을 바꿔야 하는 이유

지난 40년간 여객기의 연료 효율은 70% 이상 증가했고, 소음은 70% 이상 줄었어요. 엔진의 성능을 높이는 데는 한계가 있어서 최신 여객기는 복합소재나 탄소섬유와 같이 가볍지만 매우 강한 소재로 동체를 만들고 있어요. 그럼에도 기존 형태의 여객기 디자인으로는 더 이상 연료 효율을 높이고 소음을 낮추는 것이 어렵다는 것을 깨달았어요.

✈ 미래의 비행기 모양은 안전과 비용, 바이오 연료까지 생각해야 해요

B-2 폭격기

기술적으로 가능하다 해서 그것이 실제 비행기가 될 수 있는 것은 아니에요. 아무리 혁신적인 기술과 성능을 갖추었다 하더라도 많은 승객이 탑승하는 여객기는 첫째도 안전, 둘째도 안전이거든요. 또한 만드는 데 비용이 너무 많이 들면 어떤 항공사도 사지 않을 거예요.

석유가 아닌 자연에서 얻어진 물질들로 만든 바이오 연료를 쓰면 앞으로 고갈될 석유를 걱정하지 않고 적은 비용으로 멀리 날 수 있게 되지요.

이 밖에도 동체 천장을 특수 유리로 만들어서 비행할 때 하늘을 볼 수 있고, 밤이면 별을 볼 수 있는 기술도 개발하고 있어요.

✈ 하늘을 나는 가오리

미래의 여객기가 어떤 모습이 될지를 알려면 현재 여객기 제작회사 중 가장 앞선 기술력을 가지고 있는 미국의 보잉과 유럽의 에어버스가 준비하고 있는 계획을 들여다보면 돼요. 보잉과 에어버스는 지금과는 완전히 다른 모습의 여객기를 연구하고 있어요. 그중에 가장 실현 가능성이 높은 미래의 여객기 모습은 바로 날개와 동체가 하나로 합쳐진 가오리 모양의 여객기예요. 이것을 블렌디드윙바디 Blended Wing Body(BWB)라 불러요.

실현 가능성이 높은 이유는 BWB가 완전히 새로운 기술은 아니기 때문이에요. 이미 몇몇 군용기에는 BWB를 부분적으로 적용하고 있고, 미국 공군의 B-2 폭격기는 현재까지 세계에서 유일하게 가장 완전한 형태의 BWB를 쓰고 있어요.

✈ BWB는 장점이 많아요

가오리 모양의 BWB는 공기 저항을 거의 받지 않고 날 수 있어서 연료의 효율이 무척 높아요. 지금의 여객기보다 30% 이상의 연료를 아낄 수 있죠.

내부 공간도 무척 넓어서 더 많은 연료와 승객을 실을 수 있죠. 또한 자유로운 형태로 좌석을 배치할 수도 있어, 에어버스는 좌석을 도넛 형태로 둥글게 배치하는 것을 계획하고 있다고 해요.

폭이 넓은 동체 형태 덕분에 엔진을 등에 업듯이 동체 상부로 올릴 수 있어요. 지금처럼 날개에 엔진이 달린 것보다 지상에서 느끼는 소음이 훨씬 적어지게 되는 거죠.

블렌디드윙바디

4부
비행기의 기술과 과학

4부는 비행기에 얽힌 기술과 과학을 둘러봐요. 비행기를 만드는 재료, 비행기를 흉내 낸 시뮬레이터, 바다 위에 뜨고 내리는 원리 등 흥미로운 상식을 알아봐요. 비행기 연료는 보통 날개 안에 설치된 2~4개의 연료 탱크 안에 넣어요. 비행기의 객실은 전기가 통하지 않는 플라스틱과 같은 소재로만 만들어져 있어 번개에도 안전해요. 각국의 항공사들은 보통 짧게는 20년, 길게는 40년 정도를 사용하고 비행기를 바꿔요. 조종사들은 시뮬레이터에서 하늘을 날지 않고도 실제 비행을 하는 것처럼 철저하게 훈련을 받아요.

비행기의 속도

여객기는 고속철도보다 2배 이상 빠른 속도로 비행해요

지상에서 가장 빠른 교통수단은 고속철도예요. 고속철도는 시속 300km라는 엄청 빠른 속도로 철길을 달리죠. 하지만 비행기에 비하면 아주 많이 느린 편이에요. 비행기 중 가장 느린 헬리콥터조차도 시속 250~300km로 날 수 있어요. 여객기는 평균 시속 700~800km로 비행해요. 프로펠러기는 그보다 약간 느린 시속 500~700km 속도로 비행한답니다.

 낮은 고도보다 높은 고도에서 속도가 빨라져요

비행기는 싣고 있는 승객이나 화물, 바람의 방향 등에 따라 속도가 달라져요. 그중에서 비행하는 높이, 즉 고도와 가장 관련이 깊어요. 비행기를 한결같이 매끈한 디자인으로 만드는 것도 공기 저항을 줄이기 위해서예요. 공기는 비행기가 속도를 내는 데에 있어서 적이나 다름없죠. 그런데 고도^{평균 해수면 따위를 기준으로 하여 측정한 대상 물체의 높이}가 높아질수록 공기는 희박해져요. 공기의 밀도가 줄어들기 때문에 공기 저항도 적어져요.

예를 들어볼까요. 고도 5,000m에서 시속 800km로 속도가 난다고 가정했을 때 똑같은 비행기를 같은 속도에서 고도 10,000m로 올린다면 공기가 희박해져 공기 저항이 줄어들어요. 즉 속도는 더욱 빨라진다는 뜻이에요.

무작정 높이 올라간다고 더 빨리 나는 건 아니에요

문제는 공기가 줄어들면 엔진이 제대로 작동할 수가 없다는 거예요. 엔진은 연료를 태워서 작동하는데, 산소가 없으면 연료를 태울 수가 없어요. 높이 올라갈수록 산소가 희박해져서 엔진이 돌아가기 어려워지는 거죠. 그렇기 때문에 비행기는 가장 알맞은 높이를 찾는 것이 중요해요. 제트 엔진을 달고 있는 비행기는 보통 6~13km 범위를 비행하고, 프로펠러기는 평균적으로 제트기보다는 좀 더 낮은 고도를 날아요. 헬리콥터는 비행기보다는 훨씬 낮은 500~1,000m를 날아요.

우리나라에서 미국으로 비행할 때보다 미국에서 우리나라로 비행할 때가 더 빨라요

고도 10km 부근에는 서쪽에서 동쪽으로 부는 제트 기류라는 바람이 불어요. 평균 시속 100~300km라는 어마어마한 속도로 바람이 분답니다. 비행기가 이 제트 기류를 타고 비행하면 바람의 힘을 빌려 더 빨리 날 수 있어요. 동쪽인 우리나라에서 서쪽인 유럽이나 미국을 가게 되면 제트 기류를 정면으로 맞으며 비행하게 돼요. 그만큼 속도가 줄어들죠. 하지만 반대로 유럽이나 미국에서 우리나라로 올 때는 제트 기류를 등지고 비행할 수 있어요. 제트 기류가 뒤에서 밀어주게 되죠. 덕분에 갈 때보다 올 때는 2시간 이상 더 빨리 우리나라에 도착할 수 있답니다.

 비행기의 속도, 음속

소리는 1초에 340m를 가요. 이것을 음속, 영어로는 마하 Mach 1이라고 해요. 마하는 소리의 속도를 연구한 오스트리아의 과학자 에른스트 마흐의 이름에서 유래했어요. 1초에 680m를 가면 음속의 2배, 마하 2라고 하죠. 하늘을 지키는 공군의 전투기는 평균적으로 가장 빠르게 나는 비행기인데, 보통 마하 1.5~2까지 날 수 있어요.

비행기는 무엇으로 만들어질까요?

1930년대의 비행기
© Angel DiBilio / Shutterstock.com

 천으로 만든 초창기 비행기

초창기 비행기들은 쇠로 만든 뼈대에 천을 씌워 만들었어요. 그리고 곧 튼튼한 금속 소재로 만들게 되었어요. 비행기 운용 목적에 따라 다양한 재료를 써요. 튼튼하게 만들 필요가 없는 부위는 플라스틱으로 만들기도 하고, 힘을 많이 받거나 높은 열이 발생하는 부위는 특수한 금속으로 만들어요.

가볍고 튼튼한 두랄루민

가벼우면서 강도가 강한 알루미늄에 비행기를 만들기 적합한 몇몇 소재를 섞어 만든 알루미늄 합금이 주로 사용돼요. 이를 두랄루민이라 불러요. 1910년대 말 제1차 세계대전을 겪고 난 뒤 비행기 제작 기술이 크게 발달한 1930년대에 처음 등장했어요. 두랄루민은 가공하기도 쉽고 가격도 비행기 재료로는 저렴해서 항공기용 재료로 가장 널리 쓰이고 있어요. 그러나 제트엔진에서 뿜어져 나오는 높은 열을 견디기에는 적합하지 않아요.

열에 강한 티타늄

엔진 주변과 같이 높은 열을 받는 곳에 주로 쓰이는 재료가 바로 티타늄 합금이에요. 티타늄은 두랄루민에 비해 가격이 무척 비싸고 가공하기도 어려워요. 하지만 비행기에서 높은 열이 발생하는 곳은 거의 예외 없이 티타늄 합금을 쓰고 있어요. 미국 공군의 SR-71 블랙버드같이 마하 3급의 극도로 높은 비행 속도를 필요로 하는 특수 임무 비행기는 비행기 전체를 티타늄으로 만든 예도 있답니다.

> **쾌적한 여행을 보장하는 복합재**
>
> 보잉 787 드림라이너나 에어버스 A350XWB는 동체를 복합재로 만들어서 굳이 비행기를 건조하게 유지할 필요가 없어요. 쾌적하게 여행할 수 있다는 뜻이죠. 또 복합재는 소재 자체가 강해서 금속으로 만든 보통의 여객기보다 창문을 더 크게 만들 수 있어요.

가볍고 녹이 슬지 않는 탄소섬유

최신 비행기에서 두랄루민만큼이나 많이 쓰이는 재료가 복합재예요. 복합재는 말 그대로 여러 가지 소재를 섞어 만든 재료로, 대표적으로 탄소섬유가 있어요.

탄소섬유는 탄성과 강도가 높은 실을 특수 플라스틱 접착제로 붙인 뒤 이것을 오븐 같은 곳에 구워서 모양을 만들어요. 기본적으로는 금속이 아니라 플라스틱이기 때문에 두랄루민보다 훨씬 가벼우면서도 강하지요. 게다가 플라스틱이니 녹이 슬 걱정도 없어요. 비행기는 무게를 줄이는 것이 무엇보다 중요해요. 무게가 가벼우면 같은 비행거리를 날아도 연료도 아낄 수 있고, 같은 엔진으로도 더 빠르게 더 멀리 날 수 있으니까요. 복합재가 최신 비행기에 점점 많이 쓰이고 있는 이유이기도 해요.

보잉 787 드림라이너 ⓒ Nutkamol komolvanich / Shutterstock.com   보잉 787 드림라이너의 엔진 ⓒ Jordan Tan / Shutterstock.com

비행기의 연료통은 날개 안에 있어요

보잉 777 ⓒ Cardinal arrows / Shutterstock.com

 ### 자동차 연료와는 많이 달라요

비행기는 자동차와 마찬가지로 석유를 태워서 비행을 해요. 하지만 안전을 위한 각종 첨가물이 들어가기 때문에 자동차용 연료와는 성분이 많이 달라요. 값도 자동차용 연료에 비해 많이 비싸지요. 여객기 같은 민간 비행기의 연료는 JET-A라고 부르고, 군용기의 연료는 JP라고 불러요.

 ### 비행기 연료는 온도 변화에 강해요

다양한 비행기 연료에는 한 가지 공통점이 있어요. 바로 아주 낮은 온도에서도 얼지 않게 만든다는 점이죠. 이런 것을 '어는점이 낮다'라고 표현해요. 보통 물은 0도 이하로 내려가면 얼어요. 비행기 연료의 어는점은 보통 영하 40도보다 낮아요. 비행기가 비행하는 수천 미터 상공으로 가면 온도가 영하 30~70도까지 떨어지거든요. 그렇기 때문에 비행기 연료에 각종 첨가물을 섞어서 아주 낮은 온도에서도 얼지 않게 만들어요.

비행기의 연료는 높은 온도에서도 강해요. 비행 중 화재나 폭발이 일어나지 않도록 하기 위해서죠. 보통 휘발유에 성냥불을 놓으면 불이 붙어 활활 타오르지만 비행기 연료에는 성냥불을 놓아도 불이 붙지 않아요. 그만큼 안전에 신경 써서 만들었다는 뜻이에요.

14시간 비행할 때는 연료를 170톤이나 실어요

비행기의 덩치가 클수록, 그리고 엔진의 개수가 늘어날수록 연료를 많이 써요. 국내선에 주로 이용되는 엔진 2개짜리 여객기 보잉 737이나 A320을 예로 들어볼게요. 서울에서 부산까지 비행시간은 불과 50분 남짓인데, 비행 조건에 따라 차이가 있긴 하지만 50분 동안 소모하는 연료는 대략 2.5톤(2,500kg)이나 돼요. 그러니까 우리의 몸무게보다 더 무거운 50kg의 연료를 고작 1분 만에 쓴다는 뜻이에요.

국제선을 비행하는 큰 비행기는 엔진 개수도 4개나 되고 실어 나르는 승객과 짐도 국내선 비행기와 비교할 수 없을 만큼 많아요. 그래서 같은 시간에 더 많은 연료를 쓰지요. 점보기로 유명한 보잉 747이 서울에서 미국 뉴욕까지 14시간 동안 비행하면서 쓰는 연료는 무려 170톤이나 돼요. 시간당 12톤이 넘는 연료가 소모되는 것이고, 비용으로 따지면 연료비로만 1억 원 정도 쓰는 것이지요.

보잉 747 ⓒ verzellenberg / Shutterstock.com

보잉 737

얇은 날개가 연료통이에요

비행기 연료는 보통 날개 안에 설치된 2~4개의 연료 탱크 안에 넣어요. 보잉 737이나 에어버스 A320 등 엔진 2개짜리 작은 여객기는 26톤, 보잉 777이나 에어버스 A330처럼 주로 국제선을 운항하는 초대형 여객기는 180톤이 넘는 연료를 날개 안에 넣어요. 그저 얇아 보이는 비행기 날개 속에 그 많은 연료가 들어간다는 사실, 참 신기하죠?

비행기에 있는 각종 안전 장비들

✈️ 비행기는 번개를 맞아도 부서지지 않아요

번개의 전압은 무려 10억 볼트나 돼요. 눈 깜짝할 사이에 전구 10만 개를 1시간 동안 켤 수 있을 정도죠. 높은 하늘을 나는 비행기는 번개와 마주할 확률이 높아요. 하지만 걱정할 필요가 없답니다. 비행기에는 번개를 맞아도 부서지지 않도록 설계되어 있어요. 비행기가 번개로 인한 충격을 버틸 만큼 강한 재질로 만들어진 것이 아니에요. 정확히 말하자면 번개의 높은 전압과 충격이 객실 내에 있는 탑승객에게 영향을 주지 않고 자연스레 비행기 주변으로 흘러나가게 하는 시스템이 마련되어 있는 거죠.

비행기의 동체나 날개는 주로 금속으로 만들어져 있지만 객실은 전기가 통하지 않는 플라스틱과 같은 소재로만 만들어져 있어 번개에도 안전하답니다. 반대로 비행기 외부에는 전기를 잘 통하게 하는 전도성 소재를 덧대어 전기를 잘 흐르게 만들어놓는 거죠.

패러데이 새장 효과

영국의 과학자 마이클 패러데이는 새장에 전기가 통해도 새장 속 나뭇가지에 앉아 있는 새는 아무 이상이 없다고 했어요. 다시 말해, 모든 방향이 금속으로 되어 있는 물체에 전기가 흐르게 해도 물체 내부의 사람이나 물체가 금속과 맞닿아 있지 않으면 안전하다는 원리예요.

비행기 곳곳에 안전 장비가 있어요

비행기 승무원들은 비행기가 비상 착륙을 하거나 바다에 떨어졌을 때 어떻게 행동해야 하는지 시범을 보여줘요. 비행 중에 동체에 구멍이 나거나 동체가 파괴되었을 때는 머리 위에서 산소호흡기가 내려와요. 높은 고도에서는 산소가 부족하기 때문이에요.

좌석 아래는 노란색(주황색) 구명조끼가 있어요. 구명조끼에는 가스 캡슐 2개가 좌우측에 달려 있어 손잡이를 당기면 순간적으로 구명조끼가 부풀어 오르게 돼요. 바다에 비상 착륙했을 때 가라앉지 않기 위한 생존 도구죠.

비행기에 불이 나면 화염과 연기가 객실에 가득 차는 데 90초밖에 걸리지 않아요. 비상 착륙 후 탑승객들은 승무원들의 통제에 따라 신속하게 탈출해야 하죠. 비상 착륙 상황에서 비행기의 출입문이 열리면 탈출 슬라이드가 펼쳐져요. 워터파크 같은 곳에서 볼 수 있는 공기 튜브인 탈출 슬라이드에 미끄러져 승객들은 한 사람씩 탈출할 수 있어요.

> **내부에서 출입문을 열지 못할 때는 외부에서 도와줄 수 있어요**
>
> 비행기 옆면에는 빨간색으로 구획 표시가 되어 있고, 그 밑에 빨간 글씨로 "비상시에 여기를 자르시오CUT HERE IN EMERGENCY"라고 쓰여 있는 부분이 있답니다. 비행기 동체 내부에는 여러 전선이 설치되어 있어서 함부로 구멍을 뚫었다가는 오히려 폭발이 일어날 수 있어요. 이러한 위험을 막기 위해 외부에서 구멍을 뚫어도 문제가 없는 부분에 표식을 해둔 것이랍니다.

조종사도 탈출해야죠

비행기 맨 앞쪽 독립된 공간인 조종실에 있는 조종사는 승객과 탈출할 수 없는 경우가 많아요. 이를 대비해 조종석 천장 쪽에는 조종사가 비상시에 탈출할 수 있는 해치(조종석 천장에 나 있는 비상탈출구)가 마련되어 있어요. 또 하나, 보통 비행기의 창문은 안전을 위해 절대로 열리지 않지만 조종석의 창문은 비상시에 열 수 있도록 되어 있어요.

탈출 슬라이드   산소호흡기   구명조끼

비행기 엔진

비행기의 평균 나이와 수명

 이론적으로는 100년도 쓸 수 있어요

도로에서 흔히 볼 수 있는 택시는 평균 수명이 4년밖에 안 된다고 해요. 도로를 밤낮 가리지 않고 누비기 때문이에요. 짧은 시간 동안 많은 거리를 운행하면 차량의 각종 부품이 금방 수명을 다하죠. 비행기는 수백 명을 태우고 한 번에 수백 수천 킬로미터를 날아다녀요. 그러면 택시보다 수명이 짧을까요? 아니에요. 비행기의 수명은 무한대에 가까워요.

비행기는 최대한 오래 운항할 수 있도록 부품을 엄청나게 강하게 만들어요. 그리고 사소한 부품부터 커다란 뼈대 부품까지 주기적으로 바꾸어 오래 쓸 수 있게 만들어지고 있어요. 덕분에 비행기가 오래오래 날 수 있어요. 다만 사람들이 오래된 비행기는 안전하지 않다고 생각해 각국의 항공사들은 보통 짧게는 20년, 길게는 40년 정도면 비행기를 바꿔요.

 ## 오래되었다고 안전하지 않은 것은 아니에요

비행기는 이륙과 착륙을 할 때 아주 큰 힘이 걸려요. 또 국내선의 경우 6~8km, 국제선은 7~13km의 높이로 비행하는데, 이러한 고도에서는 온도가 영하 30도~56도까지 떨어진답니다. 거기에 비행 중 번개를 맞는 경우도 적지 않아요. 이렇게 가혹한 환경에서 문제없이 비행하기 위해 무척 튼튼하게 만들어요. 단순히 오래되었다고 강도가 약해지거나 안전성이 떨어지는 것은 아니에요.

각국 정부는 정기적으로 비행기를 검사하도록 하고 있어요. 각 비행기의 제작사들은 비행기의 나이, 착륙 횟수, 비행시간 등의 기준을 정해 정기 검사를 하도록 매뉴얼에 명시하죠. 비행기 정기 검사는 법적으로 무조건 해야 해요. 하지 않으면 엄청난 벌금을 물거나 비행을 금지당하게 된답니다.

 보잉의 사례

가장 유명한 비행기 제작 회사 중 하나인 미국 보잉사의 비행기들은 20년을 운항했거나 2만 회 착륙 또는 6만 시간을 비행했을 경우 정밀 검사를 받아야 해요. 또 보잉의 비행기들은 오래되어 동체나 날개 등에 균열이 생기는 것을 미리 알아내기 위해 3만 회 착륙 또는 11만 5,000시간을 비행하면 정밀 검사보다 더욱 자세하게 검사하는 특별 검사를 받도록 하고 있어요. 엄청나게 높은 열과 압력이 가해지는 엔진은 비행기보다 검사 기준이 훨씬 까다로워요. 그 때문에 비행기는 오래오래 쓸 수 있어도 엔진은 주기적으로 교체되지요.

퇴역한 비행기들은 재활용돼요

비행기가 오래되어 더 이상 비행하지 않는 것을 '퇴역'이라고 해요. 퇴역은 대부분 비행기 자체가 아니라 부품 생산 문제 때문이에요. 오래된 비행기의 부품은 계속 생산하지 않거든요. 퇴역한 비행기는 해체해서 재활용해요. 무게가 140톤인 보잉 747은 해체하면 120톤이 넘는 알루미늄과 고철 등이 나와요. 이러한 자재들은 새로운 비행기나 자동차를 만드는 데 재활용된답니다.

베리에프 Be-200
© dragunov / Shutterstock.com

비행기가 바다 위에서 뜨고 내린다고요?

 ## 물 위에서 뜨고 내리는 수상 비행기

비행기가 물 위에서 이착륙을 할 수 있다면 많은 비용을 들여 활주로와 공항을 건설할 필요도 없고, 그로 인한 환경 파괴도 없을 거예요. 바다나 호수, 강은 넓은 면적에 걸쳐 우리 주변에 있으니까요.

수상 비행기는 일반 비행기와 거의 비슷해요. 다른 점이 있다면 바퀴 대신 스키 모양과 비슷한 발이 있다는 거죠. 이것을 플로트라고 부르지요. 플로트 덕분에 수상기는 물 위에 미끄러지듯 착륙하고 이륙할 수 있어요. 수상기의 특징은 엔진의 위치가 높다는 거예요. 만약 일반 비행기처럼 엔진의 위치가 낮으면 엔진에 붙어 있는 프로펠러가 물의 표면에 부딪혀 큰 사고가 나겠죠?

 ## 수상 비행기의 약점을 극복한 수륙 양용 비행기

일반 비행기들이 흉내 낼 수 없는 큰 장기를 가진 수상 비행기를 만들고 나니 다시 불편한 점이 생겼어요. 다른 비행기들은 활주로에 잘 오르내리는데 수상 비

행기는 물에서 이착륙을 할 수 있는 대신 공항에서 다른 비행기들과 어울릴 수 없게 된 거죠. 그래서 물 위에서 뜨고 내리면서 땅에서도 뜨고 내릴 수 있는 비행기를 연구하기 시작했어요. 수륙 양용 비행기는 그렇게 탄생한 거예요.

수륙 양용 비행기는 다른 수상기처럼 엔진이 물의 표면에 닿지 않도록 날개와 엔진이 높이 달려 있어요. 대신 수상기와 다른 점은 플로트가 좌우측 날개 밑에 달려 있다는 점이에요. 플로트 자리에는 일반 비행기들처럼 접었다 펼 수 있는 바퀴가 있죠.

일반 비행기가 물에 착륙하면 부서질 거예요

물 표면에는 표면장력이라는 보이지 않는 힘이 있어요. 빠른 속도로 떨어지는 비행기에게 물 표면은 지상에 떨어지는 것과 비슷한 충격을 주게 돼요. 완만한 각도로 미끄러지듯 착륙한다 하더라도 대부분의 비행기들은 동체가 두 동강이 날 정도로 위험하답니다.

배처럼 생긴 수륙 양용 비행기

수륙 양용 비행기는 플로트 없이 물 위에 안전하게 착륙하기 위해 동체 밑 부분이 배와 똑같이 생겼어요. 덕분에 이륙과 착륙을 할 때 물 수면을 배처럼 유유히 가를 수 있어요. 만약 수륙 양용 비행기의 날개를 다 제거하고 동체 밑 부분만 본다면 이것이 배인지 비행기인지 구분하기 어려울 정도랍니다. 빠른 속도로 이륙과 착륙을 할 때 균형을 잡는 것이 중요하기 때문에 플로트가 좌우측 날개 밑에 달려 있는 거예요. 공항이나 지상에 이착륙할 때는 바퀴를 펴거나 접으면 되는 거고요.

전 세계적으로 유명한 수륙 양용 비행기는 일본의 신메이와에서 만든 US-2와 러시아의 베리에프 Be-200이에요. 두 비행기 모두 주로 해군에서 쓰는 군용이고 일부는 해상구조용으로 정부에서 운용하고 있지요.

비행기를 흉내 내는 기계, 시뮬레이터

시뮬레이터
© Em7 / Shutterstock.com

 비행기의 조종석을 실제와 똑같이 재현한 장비예요

비행기를 조종하기까지는 많은 종류의 이론 수업부터 지상에서의 절차 훈련과 실습을 해야 해요. 이론을 다 알았다 해도 비행 중에 작은 실수만 해도 자칫 추락으로 생명을 잃을 수 있기 때문이에요. 실제로 비행기를 조종해 하늘을 날기 전까지 비행기 조작 방법을 완벽하게 숙지하지 않으면 안 된답니다.

하늘을 날지 않고도 실제 비행을 하는 것처럼 훈련할 수 있는 장비가 바로 시뮬레이터예요. 시뮬레이터는 조종사를 훈련시키기 위한 훈련 장비죠. 학생 조종사는 교육을 하는 교관 조종사와 함께 탑승해서 비행기 시동을 거는 것부터 이륙하고 착륙하는 것까지 비행의 전 과정을 연습해볼 수 있어요.

 **조종실, 영상 장치, 유압 장치, 컴퓨터 시스템으로 이루어져 있어요**

시뮬레이터 조종실은 실제 비행기와 완전히 똑같이 만들어져 있어요. 조종실만 보면 실제 비행기인지 시뮬레이터인지 구분하기 힘들 정도랍니다.

조종실 전면 유리 밖에는 영상 장치가 있어요. 조종사가 보는 바깥 풍경을 컴퓨터 그래픽으로 재현해 모니터를 통해 보여주죠. 또한 조종실 내부에는 스피커가 달려 있어서 비행할 때 나는 엔진 음을 비롯해 각종 경고음을 인위적으로 만들어 조종사에게 들려줍니다.

이뿐 아니에요. 시뮬레이터는 실제 비행할 때의 움직임을 똑같이 재현하기 위해 유압 장치로 공중에 떠 있어요. 예를 들어 비행기가 이륙을 하면 비행기의 머리가 위쪽으로 들리게 되는데, 시뮬레이터에서 이륙을 하면 유압 장치는 조종실의 앞쪽을 위로 들리게끔 움직여주죠. 또 비행기에 외부 충격이 가해진다면 유압 장치가 의도적으로 조종실을 흔들어서 조종사가 실제로 외부 충격을 받은 것처럼 느끼게 해주죠.

컴퓨터 시스템은 조종사가 조종실에서 하는 모든 조작을 신호로 처리해 조종실, 영상 장치, 유압 장치 등이 조작하는 대로 움직일 수 있게 명령하는 역할을 해요. 여기에 더해서 조종사가 얼마나 비행을 잘했나 못했나를 평가해서 기록으로 남겨요. 그러면 교관이 그 기록을 보고 미흡한 부분은 더 연습해서 비행 실력을 향상시키게 도와준답니다.

장점이 많지만 비싸요

시뮬레이터는 비행기만큼 비싸요. 높은 기술력이 필요하기 때문이죠. 하지만 비싼 만큼 장점이 많아요. 우선 연료비가 전혀 들지 않고, 유지 비용이 비행기와 비교될 수 없을 만큼 저렴해요. 무엇보다 초보 조종사가 조종 미숙으로 비행기를 파괴시키거나 사고로 목숨을 잃을 일이 없다는 것이 가장 큰 장점이랍니다.

항공사에 근무하는 정식 조종사도 1년에 5시간씩 시뮬레이터 훈련을 해요

시뮬레이터의 조종실은 실제 비행기에 없는 딱 한 가지가 있어요. 바로 조종석 뒤에 마련되어 있는 교관석이죠. 교관석에는 여러 조작 장치가 있어요. 교관은 비행 중 각종 돌발 상황을 부여할 수도 있고 날씨를 갑자기 나쁘게 바꿀 수도 있어요. 또 엔진이 꺼진다든지, 랜딩기어가 펴지지 않는다든지 의도적으로 기체에 결함을 생기게 할 수도 있어요.

실제 조종에서는 승객을 태우고 생명을 담보로 이런 상황을 연습할 수 없잖아요. 그렇기 때문에 가상의 상황을 부여해 조종사가 실제 여러 돌발 상황이나 어려움에 놓일 때 당황하지 않고 대처할 수 있게끔 훈련하는 거예요. 그래서 이 훈련을 받도록 법으로 정해놓았어요.

시뮬레이터의 외부 모습
ⓒ Natalya Okorokova / Shutterstock.com

못다 한 이야기 ④

비행기의 색깔은 어떻게 결정될까요?

✈ 비행기의 종류와 크기, 목적에 따라 다양한 색깔을 가지고 있어요

어떤 비행기는 알록달록 화려하고, 또 어떤 비행기는 전체가 시커멓고 칙칙한 색으로 덮여 있어요. 보기에도 좋은 음식이 맛도 좋다지요? 그러니 비행기도 보기에 좋으면 탈 때 기분도 좋고 보는 사람도 눈이 즐거워지겠죠. 맞는 말이에요. 하지만 모든 비행기를 보기 좋게 화려하게만 칠할 수는 없어요. 색깔을 입히는 작업을 도색이라고 하는데, 비행기의 도색은 그저 비행기를 보기 좋게 칠하는 것이 목적이 아니라 그 나름대로의 이유가 있기 때문이죠.

✈ 여객기는 각 항공사의 이미지와 성격에 맞춰 도색해요

항공사 입장에서는 아무래도 승객들의 선택을 많이 받아야 수익을 많이 낼 수 있겠죠. 그래서 사람들의 시선을 잘 끌 수 있도록 비행기를 화려하거나 밝은색으로 도색을 하게 되죠. 때로는 일정 기간 동안 특별 도색 형태로 여객기의 동체를 스케치북 삼아서 헬로키티나 포켓몬스터 같은 만화 캐릭터나 각종 그림을 그려 넣어요. 이 역시 승객들의 관심을 끌고 항공사를 홍보하기 위해서 하는 거죠.
비행기를 도색하는 사람들에게는 비행기가 단순히 교통수단이 아닌 스케치북 같은 미술 도구가 되기도 한다는 점이 재미있죠?

✈ 군용기는 눈에 잘 띄지 않게 하려고 도색해요

군용기는 언제나 적군의 비행기나 미사일로부터 공격당할 위험에 놓여 있답니다. 여객기처럼 화려한 도색을 하고 있으면 적군의 눈에 쉽게 띄기 때문에 격추될 확률이 커져요. 그래서 군용기는 대부분 하늘 색깔과 비슷한 회색이나 하늘색, 혹은 밤에 주로 활동하는 군용기는 검정이나 쥐색으로 칠을 하죠.

군용기 중에 알록달록한 도색을 하고 있는 비행기를 본 적이 있다고요? 맞아요. 군용기 중에는 여러 가지 색깔을 일정한 패턴에 맞춰 알록달록하게 도색하기도 하는데, 이것을 '위장 무늬'라고 불러요. 예를 들어 숲이나 산 근처에서 주로 임무를 수행하는 군용기의 경우 하늘색이나 검정색으로 칠한다 해도 눈에 잘 띄는 건 마찬가지예요. 그렇기 때문에 나무와 산 색깔과 비슷한 녹색, 연두색, 갈색을 적절히 섞어서 도색하는 것이지요. 이처럼 군용기 역시 색깔은 제각각이지만 단 하나의 목적, 바로 '생존'을 위해 도색을 하게 되는 거예요.

물론 군용기도 아주 가끔은 외출을 위해 화장을 하듯 화려한 칠을 하기도 해요. 무언가를 기념하기 위해서죠. 군용기를 운용하는 부대의 창설일 같은 기념일이나, 해당 군용기를 설계한 디자이너의 생일을 맞이해 디자이너의 얼굴을 비행기에 그려 넣기도 하죠.

© fritz16 / shutterstock.com

© Andrey Khachatryan / shutterstock.com

5부
비행기의 구조

5부는 비행기의 몸체를 하나하나 분석해요. 한 대의 비행기는 어떤 구조로 돼 있는지 자세하게 탐구해요. 프로펠러기들의 엔진은 분당 2,000번 이상 빠르게 회전해요. 인간의 눈에 보이지 않는 속도예요. 그래서 프로펠러 블레이드 끝을 눈에 잘 띄는 색을 칠해 안전거리를 유지하게끔 만들어줘요. 안전을 위하여 엔진 2개를 단 여객기는 엔진 하나가 고장 나도 최소 60분 이상을 비행하도록 규정에 정했어요. 랜딩기어는 비행기에서 가장 강한 소재로 만들어져요. 세계에서 가장 큰 여객기인 에어버스 A380의 바퀴는 무려 22개예요.

한눈에 보는 비행기의 구조

갤리 © Maxene Huiyu / Shutterstock.com

주 날개와 윙렛

동체, 비행기의 몸통

동체는 수십 개의 원형 뼈대에 수백 개의 금속 막대기를 세로로 연결한 다음 철판을 둥글게 덧대는 형태로 만들어져요. 좌석이 마련되어 있는 객실은 동체 위쪽이고, 짐을 싣는 화물칸은 객실 아래에 위치해요.

레이더 동체 맨 앞쪽에는 각종 날씨 정보와 항로 등 비행에 필요한 다양한 정보를 수집하는 레이더가 달려 있어요. 또한 비행 중 주변에 충돌 위험이 있는 다른 비행기나 물체를 탐지하기도 해요.

일등석·비즈니스석 조종석과 가까운 앞쪽 객실에는 가격이 비싼 일등석과 비즈니스석이 위치해요. 비싼 대신 좌석은 넓고 편안해요. 또 가장 먼저 탑승하고 가장 먼저 내릴 수 있어요.

비상구 승객이 타고 내리는 비상구는 앞쪽과 뒤쪽 모두 마련되어 있어요. 평상시에는 비행기의 앞쪽 출입문만 이용하지만, 비상 상황에는 모든 비상구를 열어 승객들이 최대한 빨리 기내를 빠져나가게끔 하지요.

갤리 맛있는 기내식을 먹을 수 있도록 준비하는 공간이 바로 갤리예요. 갤리는 음식을 보관하다가 식사 시간에 따뜻하게 데우는 보온 기능과 음료를 시원하게 하는 보냉 기능이 있어요.

보조 동력장치 비행기의 모든 전력은 엔진에서 얻어요. 엔진이 돌아가지 않으면 비행기에 달려 있는 모든 장비를 작동시킬 수 없어요. 보조 동력장치는 엔진이 정지한 상태에서도 객실을 밝히는 전등이나 객실을 시원하게 혹은 따뜻하게 하는 냉난방 장치 등 꼭 필요한 장비들이 작동할 수 있게 발전기 역할을 해요.

비행기의 여러 날개

주 날개 공기의 저항을 최소한으로 줄이기 위해 뒤로 젖힌 꼴로 되어 있어요. 날개의 안은 연료로 채워져 있죠.

보조 날개 주 날개에는 스포일러, 플랩 등 다양한 형태의 보조 날개가 붙어 있어요. 이륙할 때는 비행기를 뜨게 만드는 힘인 양력을 크게 해주고, 착륙할 때는 공기 저항을 높여서 자연스럽게 속도를 줄여준답니다.

윙렛 주 날개 끝에 위로 꺾여 있는 작은 날개를 말해요. 날개 끝이 위로 꺾여 있으면 날개 끝이 평평한 것보다 공기 저항이 줄어서 연료를 적게 쓴답니다.

꼬리 날개 수직으로 서 있는 수직 꼬리 날개와 가로로 누워 있는 수평 꼬리 날개로 나뉘어요. 수직 꼬리 날개에는 비행기가 좌우로 방향을 틀수 있게 만드는 방향타가 달려 있어요. 수평 꼬리 날개에는 비행기가 위아래로 상승 또는 하강할 수 있게 만드는 승강타가 달려 있어요.

엔진, 비행기의 힘

양쪽 날개에는 비행기 크기에 따라 2개에서 4개의 엔진이 장착돼요. 기종에 따라 엔진이 뒤쪽 동체 윗부분에 달리는 경우도 있어요.

여러 가지 모양의 날개

후퇴익
© vaalaa / Shutterstock.com

 ### 엔진만큼 비행기의 성능을 좌우하는 날개

날개는 양력은 높이고, 항력은 줄이는 역할을 하죠. 항력은 비행기가 날지 못하게 방해하는 공기 저항이고, 양력은 비행기를 띄우는 힘이에요.

 ### 날개가 뒤로 살짝 젖혀진 후퇴익

후퇴익은 장점이 많고 단점이 적어 오늘날 가장 널리 쓰이는 날개 모양이에요. 날개가 뒤로 살짝 젖혀져 공기 저항과 진동이 적어지고 연료 효율과 양력이 크지요.

 ### 앞쪽으로 젖혀진 전진익

공상과학영화나 비행기 게임에서 자주 볼 수 있지요. 전진익이 등장한 것은 후

퇴익의 단점 때문이에요. 후퇴익은 날개 끝에서 실속이 발생한다는 단점이 있어요. 실속은 비행기가 갑자기 양력을 잃어 조종사가 비행기를 제어할 수 없어 추락에 이르는 가장 무서운 현상 중에 하나지요. 날개를 앞으로 젖히게 되면 실속 문제를 해결할 수 있어요. 게다가 마하 1 이하의 속도에서는 전진익이 후퇴익보다 항력을 덜 발생시켜서 연료 효율이 더 좋지요.

위에서 보았을 때 삼각형으로 보이는 삼각 날개(델타익)

삼각 날개는 후퇴익보다 훨씬 뒤로 젖혀져 있죠. 뒤로 젖혀지면 속도가 빨라져도 공기 저항을 덜 받아요. 삼각 날개는 마하 2를 넘나드는 고속 비행을 위해 만들어졌어요. 빠른 속도를 필요로 하는 군용기의 선택을 많이 받죠.

일부 고성능 군용기에만 쓰이는 가변익

비행기가 빨리 날 때는 후퇴익이나 삼각 날개가 좋고, 느리게 날 때는 직선익이 유리해요. 이 두 날개의 장점을 합친 날개가 바로 가변익이에요. 가변익은 변신 로봇 장난감처럼 날개를 움직이게 만들었어요. 비행에는 장점이 많지만 각종 구조물과 부품이 추가되어야 해서 많이 비싸죠.

삼각 날개

동체 전체가 날개인 전익

전익은 비행기 구조 전체를 날개로 만든 모양이라서 비행기가 마치 가오리처럼 보여요. 전체가 날개처럼 되어 있는 만큼 공기 저항도 가장 적죠. 또 비행기 전체 부분에서 양력이 발생하니 적은 연료로도 먼 거리를 비행할 수 있어요. 컴퓨터로 비행기를 조종해야 해서 가격이 엄청나게 비싸서 오늘날에는 적게 쓰이지만 미래에는 가장 많은 비행기의 날개로 활약할 거예요.

가변익

제트 엔진보다 싸고 연료도 덜 소모하는 프로펠러 엔진

비행기 역사의 첫 순간부터 지금까지 비행기의 발전과 함께했어요

프로펠러 엔진은 가격이 싼 소형 비행기에서 주로 쓰죠. 그렇다고 모든 프로펠러 엔진이 싼 것은 아니에요. 중대형 여객기나 군용기는 고성능의 값비싼 프로펠러 엔진을 많이 쓰고 있어요.

최초의 비행기인 라이트 형제의 플라이어 호에는 2개의 프로펠러가 있었고, 심지어 플라이어 호 이전에 등장했던 비행선에도 프로펠러가 있었죠.

헬리콥터의 주 날개라고 할 수 있는 프로펠러는 공중으로 뜨게 하는 역할이 더 커요. 이 때문에 헬리콥터의 경우 프로펠러라 부르지 않고 회전익 혹은 로터라 부른답니다.

선풍기 날개(팬fan)도 프로펠러의 원리를 이용해요

과학 시간에 날리는 고무동력기도 프로펠러를 돌려 날아가죠. 이때 프로펠러는 꼬여 있던 고무줄이 풀리면서 생기는 힘으로 돌게 돼요.

🛩️ 다양한 형태의 프로펠러

1900년대 초반에는 나무로 만든 블레이드를 사용했어요. 물론 요즘은 대부분 금속으로 만든 블레이드를 사용하죠. 최신 프로펠러기의 경우 무게가 금속보다 가벼우면서도 훨씬 튼튼한 복합재로 만드는 추세예요.

블레이드는 비행기마다 최소 2개부터 많게는 8개까지 수가 다양해요. 프로펠러는 블레이드의 길이가 길수록 추진력도 커져요. 같은 길이의 블레이드를 가진 프로펠러라 하더라도 블레이드의 수가 많을수록 천천히 돌아도 큰 힘을 낼 수 있고 소음도 적게 발생해요. 대신 블레이드가 많으면 무게가 늘어나고, 프로펠러를 돌리는 데 엔진의 힘을 더 많이 쓴다는 단점이 있죠.

또 하나의 엔진에 2개의 프로펠러를 끼우면 엔진의 힘이 약해도 충분한 힘을 내고 특히 연료 효율이 아주 좋아요. 대신 소음이 더 크고 기술적으로 복잡해서 정비 비용이 늘어난다는 단점도 있어요.

나무 블레이드 프로펠러

🚁 빠르게 회전하는 프로펠러는 매우 위험해요

프로펠러기들의 엔진은 분당 2,000번 이상 빠르게 회전해요. 이 정도 속도로 회전하면 인간의 눈에 보이지 않죠. 그 때문에 정비사나 승무원이 회전하는 프로펠러 주변에 있다가 부딪혀 죽거나 다치는 경우가 생겼어요. 그래서 블레이드 끝에 눈에 잘 띄는 색을 칠해 주변에 있는 사람들이 프로펠러를 확인하고 안전거리를 유지하게끔 만들어주는 것이랍니다.

여객기는 거의 제트 엔진이에요

보잉 737
© Chris Parypa Photography / Shutterstock.com

 제트 엔진

　제트 엔진의 가장 큰 약점은 연료를 많이 쓴다는 것이었는데, 요즘에는 엔진 기술이 많이 발달해서 제트 엔진도 연료를 많이 쓰지 않아요. 우리가 즐겨 타는 여객기 대부분이 제트 엔진을 달고 있지요. 제트 엔진이라고 해서 모든 비행기에 다 좋은 것은 아니에요. 제트기는 힘이 세고 속도도 빠르지만, 프로펠러기에 비해 비싸고 연료를 많이 소모해요.

　여객기를 타고 여행을 다니다 보면 엔진이 고장 나서 추락하면 어쩌나 하는 걱정이 들기도 해요. 특히 엔진이 네 개나 있는 장거리 여객기의 경우는 상관없지만 엔진이 2개뿐인 단거리 여객기일수록 그런 걱정이 클 수 있죠. 하지만 여객기를 설계하는 과학자들은 그러한 걱정을 할 필요가 없도록 설계를 해놓았어요.

엔진 2개를 단 비행기는 엔진 하나가 고장 나도 근처 공항에 비상착륙을 할 수 있도록 엔진 하나로도 일정 시간 동안 정상적으로 비행할 수 있게 만들었어요. 이것은 비행기를 만드는 제작사에게만 맡겨둔 것이 아니고 항공안전법으로 정해놓았어요. 엔진 2개를 단 여객기는 엔진 하나가 고장 나도 최소 60분 이상을 비행하도록 규정에 정했어요. 이 조건을 맞추지 못하면 여객기는 사람들을 실어 나를 수 없어요. 보잉 737은 120분 이상, 에어버스가 가장 최근에 개발한 A350 XWB는 무려 370분이나 엔진 하나만으로도 비행할 수 있어요.

엔진은 비행기를 앞으로 나아가게 하기도 하고 뒤로 잡아당기기도 해요

여객기가 착륙할 때 가만히 귀를 기울이면 지면에 닿은 직후 부~웅 소리가 객실을 시끄럽게 울리는 것을 느낄 수 있어요. 바로 역추진 장치가 작동되는 소리죠. 엔진 뒷부분에는 접었다 펴졌다 하는 금속 덮개가 있어요.

이 덮개가 닫혀 있을 때는 엔진의 추력 방향(배기가스)이 정상적으로 뒤를 향해요. 그래서 앞으로 나아가게 되지요. 하지만 이 금속 덮개가 열리면 뒤쪽 방향으로 나가던 엔진의 추력이 금속 덮개에 부딪혀 앞쪽 방향으로 꺾여요. 엔진의 힘이 비행기의 착륙 방향과 반대로 작용하면서 비행기는 급격하게 속도를 줄일 수 있게 돼요. 즉 브레이크 역할도 하는 거예요.

작동 중인 역추진 장치

A350 XWB
© Sergey Kohl / Shutterstock.com

조기경보통제기
© SpaceKris / Shutterstock.com

비행기의 눈, 레이더

 레이더는 다양한 역할을 해요

레이더radar는 대부분 비행기의 가장 앞부분에 장착되어 있어요. 전방으로 쏜 레이더파가 다른 비행기나 물체에 반사되어 다시 비행기로 되돌아오죠. 이때 돌아오는 레이더파를 조종석의 스크린을 통해 보여줘요. 그러면 조종사는 눈으로 확인할 수 없는 아주 먼 거리에 무엇이 있는지, 그것이 비행기의 안전에 지장을 줄지 안 줄지를 알 수 있죠.

조종사는 비행할 때 근처에 충돌할 위험이 있는 다른 비행기는 없는지, 날씨는 어떤지를 확인해야 하죠. 이것들을 조종사의 눈으로 다 확인할 수 없어요. 그렇기 때문에 조종사의 눈을 대신할 수 있는 레이더가 있는 거예요.

 **레이더가 관제사의 눈을 대신해줘요**

공항에 우뚝 서 있는 관제탑 주변에는 아주 크고 성능이 좋은 레이더가 있어요.

심지어 360도 천천히 회전을 하죠. 공항 주변 하늘을 나는 비행기들을 관제탑에 있는 관제사가 확인하기 위해서죠. 좁은 도로에 차가 많아지면 접촉 사고가 날 확률이 커져요. 그래서 신호등을 만들어서 누가 먼저 가고 누가 정지할지를 정해주는 거예요.

비행기도 마찬가지예요. 비행기는 드넓은 하늘을 조종사 마음대로 날고 있는 것처럼 보이지만 사실은 일정한 경로를 따라 비행해요. 규모가 큰 국제공항에서는 하루에도 수백 대의 비행기가 이착륙을 해요. 그렇기 때문에 하늘길이 열려 있다고 무작정 착륙하면 안 되는 거죠. 관제사가 도로 위의 신호등이 되어서 어떤 비행기가 공항 상공에 머물지, 어떤 비행기가 착륙할지를 정해줘야 해요.

관제사는 어떻게 그 많은 여객기의 위치를 다 볼 수 있을까요? 공항의 레이더가 뱅글뱅글 돌면서 레이더파를 쏘면 공항 주변 하늘에 있는 모든 여객기의 위치가 관제사의 스크린에 보여요. 그러면 관제사가 각각의 여객기에 착륙할 순서를 알려주는 것이랍니다.

군용기에서 특히 중요해요

여객기를 개조해서 커다란 레이더를 싣는 비행기로 만든 것을 '조기경보통제기'라고 불러요. 군용기는 적군의 비행기를 가장 조심해야 해요. 일반적인 군용기는 수백 킬로미터 떨어진 거리의 적군 비행기를 발견하지는 못하죠. 하지만 조기경보통제기에 실려 있는 레이더는 성능이 매우 좋아서 수백 킬로미터 밖에 있는 적군 비행기를 누구보다 먼저 발견할 수 있어요. 그래서 우리 편 비행기들에게 적군 비행기의 위치를 미리 알려줘서 적군이 공격하기 전에 먼저 공격할 수 있도록 해준답니다.

공항의 관제탑
© Rocky Grimes / Shutterstock.com

공항의 레이더

비행기의 모든 움직임을 수행하는 조종석

 ### 조종석은 인간의 뇌와 같은 역할을 해요

여객기의 경우 보통 2명의 조종사, 즉 기장과 부기장이 탑승해서 이륙부터 착륙까지 모든 조작을 하죠. 이들이 비행기를 조작하는 곳이 바로 조종석이에요.

비행기의 조종석 전방에는 비행 속도를 표시하는 속도계, 고도를 표시하는 고도계, 그리고 수평을 잘 유지하고 있는지를 알려주는 비행 자세계 등 다양한 계기로 가득해요. 기술이 발달하고 조종석이 디지털화되면서 현대 비행기도 LCD로 되어 있는 스크린과 전자식 계기를 갖추고 있어요.

 ### 비행기의 방향은 조종간과 페달로 조종해요

조종사 좌석 앞에는 비행기의 움직임을 조작할 수 있는 조종간이 있어요. 조종간을 가슴 쪽으로 당기면 수평 꼬리 날개에 붙어 있는 승강타가 위로 향하고 비행

기 역시 상승해요. 조종간을 앞으로 밀면 반대로 승강타가 아래로 꺾이면서 비행기가 하강해요.

비행기의 페달은 자동차의 핸들 역할이에요. 오른쪽 페달을 밟으면 우회전, 왼쪽 페달을 밟으면 좌회전이에요. 페달을 통해 비행기는 지상에서 활주로와 터미널을 자유롭게 오갈 수 있어요.

비행기의 움직임 3가지

비행기가 세로 방향 위아래로 움직이는 것을 피칭pitching이라고 해요. 고도를 높이거나 낮출 때죠. 롤링rolling은 비행기 양쪽을 위아래로 기울여 빙글빙글 도는 것이에요. 손을 앞으로 뻗은 뒤 손목을 손바닥과 손등이 번갈아 위아래로 오게 하는 식이죠. 요잉yawing은 비행기의 몸체를 좌우로 비트는 것이에요. 방향을 바꾸는 것이랍니다.

컴퓨터 덕분에 조종이 쉬워요

비행기를 타면 길게는 10시간 넘게 비행을 해요. 비행기는 이륙해서 정해진 고도까지 상승하게 되면 오토파일럿이라고 부르는 자동조종장치를 작동시켜요. 그때부터는 조종사가 아니라 컴퓨터가 정해진 항로대로 대신 비행해주죠. 오토파일럿 장치 덕분에 조종사는 10시간 넘는 장거리 비행에서도 자유롭게 화장실을 다녀오거나 식사를 할 수 있어요.

조종사 대신 힘도 써주는 컴퓨터

옛날 비행기들은 승강타와 방향타를 조작하는 조종간과 페달이 금속 케이블로 연결되어 있었어요. 온전히 조종사의 힘으로 비행기를 움직여야 했죠. 그래서 비행기의 크기가 커지면 커질수록 공중에서 비행기를 조종하는 것은 엄청 힘든 일이었어요. 하지만 기술이 발달한 오늘날 비행기의 승강타와 방향타는 플라이바이와이어라고 부르는 컴퓨터 시스템으로 연결되어 있어요. 그래서 조종사가 아주 적은 힘으로도 비행기를 자유자재로 조종할 수 있게 되었답니다.

© MyImages - Micha / Shutterstock.com

조종사의 생명을 살리는 사출 좌석

 폭발물의 원리를 이용한 탈출 장비

군용기 조종사는 전쟁터의 하늘을 누비며 용감히 싸우기 때문에 항상 적군에게 공격받아 추락할 위험을 안고 비행해요. 비행기가 추락하더라도 소중한 조종사의 생명만큼은 꼭 구해야 해요. 그래서 비행기가 추락할 경우에 조종사가 안전하게 탈출할 수 있는 방법을 고안했는데 그것이 바로 사출 좌석ejection seat이에요.

사출 좌석 아래에는 좌석을 비행기로부터 튕겨나가게 하기 위한 폭발물이 설치되어 있어요. 폭발물이 폭발할 때 큰 에너지를 방출하는 원리를 이용하는 것이지요. 비행기가 추락하게 되는 긴급한 상황이 되면 조종사는 좌석 주변에 있는 사출 손잡이를 당겨요. 그러면 사출 좌석 아래에 있는 폭발물이 터지면서 사출 좌석이 비행기 밖으로 튕겨나가게 돼요. 조종사는 사출 좌석에 앉은 채로 안전하게 탈출하게 되는 거예요.

튕겨나가기 전 캐노피가 미리 제거되어야 해요

폭발물은 사출 좌석 아래에만 설치되어 있는 것이 아니에요. 군용기의 조종석은 조종사가 주변을 잘 볼 수 있도록 캐노피라고 부르는 덮개 유리로 덮여 있어요. 이 캐노피 주변에도 소량의 폭발물이 설치되어 있죠. 사출 좌석이 튕겨나가기 전에 캐노피가 폭발해 조종사가 안전하게 탈출할 수 있도록 한답니다.

폭발물은 위험하기 때문에 어떤 군용기들은 캐노피에 폭발물보다는 전기선을 설치하기도 해요. 조종사가 탈출하면 순간적으로 엄청나게 강한 전기가 흘러서 덮개 유리를 깨뜨리는 거죠.

조종사가 사출 손잡이를 당기고, 캐노피가 깨져서 떨어져 나가고, 사출 좌석 아래의 폭발물이 터진 뒤 사출 좌석이 비행기 밖으로 튕겨나가는 이 모든 과정이 겨우 1초 안에 이루어져요. 그야말로 눈 깜짝할 사이죠. 비행기는 엄청나게 빠른 속도로 추락하기 때문에 조종사가 살기 위해서는 사출 좌석은 최대한 빨리 비행기 밖으로 튕겨나가야 해요.

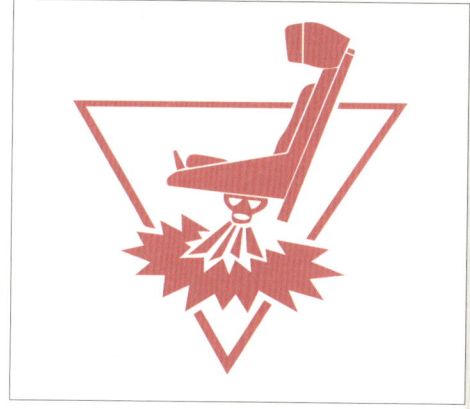

(위)다양한 종류의 사출 좌석
ⓒ kelvin / Shutterstock.com
(아래)사출 좌석이 튕겨져 나가는 모습

사출 좌석에는 다양한 생존 장비가 있어요

추락하는 비행기에서 사출 좌석을 이용해 탈출한 조종사는 메고 있는 낙하산을 펴서 천천히 지상으로 내려와요. 무사히 지상으로 내려왔다 하더라도 우리 편에게 구조될 때까지 기다려야 해요. 특히 적군 지역에 떨어지면 언제 구조될지 알 수 없어요. 그래서 사출 좌석에는 최소한 사흘 동안 먹을 수 있는 비상식량과 응급처치 키트가 있어요. 또 구조대에게 위치를 알려주기 위한 무전기와 신호탄도 있죠. 물론 적군에게 발각될 때를 대비해 권총도 들어 있어요.

사출 좌석에는 조종사가 바다에 떨어질 때를 대비해 구명조끼 등 해상 생존 장비도 들어 있어요. 이렇게 잘 마련된 사출 좌석 덕분에 많은 군용기 조종사가 추락하는 상황에서도 안전하게 탈출해 소중한 생명을 지킬 수 있었답니다.

비행기에서 가장 강한 랜딩기어

착륙할 때 랜딩기어

✈️ 비행기에서 중요한 장치 중 하나예요

비행기에서 가장 중요한 장치인 엔진이나 날개만큼 중요한 장치가 바로 랜딩기어 landing gear 예요. 비행기는 이륙 전 활주로로 들어가거나 착륙 후 터미널로 들어오기 위해 지상에서 요리조리 주행을 해야 해요. 바로 비행기 앞쪽에 달려 있는 랜딩기어가 좌우로 돌아가면서 자동차처럼 주행을 가능하게 하는 거예요.

 ## 랜딩기어의 가장 중요한 역할

랜딩기어는 이륙할 때 엄청난 속도와 압력을 견뎌야 하고, 착륙할 때 비행기의 엄청난 무게를 혼자 버텨내야 해요. 비행기는 시대가 갈수록 더 많은 승객과 화물을 싣기 위해 커져왔기 때문에 그만큼 랜딩기어는 더더욱 강력하게 만들어져야 했어요.

랜딩기어 때문에 일어나는 비행기 사고

이륙 직후는 보통 엔진 문제 때문이고, 착륙 직후 일어나는 사고 대부분은 랜딩기어가 원인이에요. 비행기가 착륙할 때 랜딩기어의 일부만 펴지거나 완전히 펴지지 않으면 착륙하는 순간 비행기가 고꾸라지거나 활주로를 이탈해 큰 사고가 난답니다.

비행기에서 가장 강한 소재로 만들어져요

랜딩기어는 동체와 연결되어 접혔다 펴졌다 하는 역할을 하는 지주, 충격을 흡수하는 완충기, 그리고 지상에서 비행기의 주행을 도와주는 활주 장치(휠과 타이어)로 이루어져요. 내부를 오일과 압축가스로 채운 완충 장치가 1차로 하중과 충격을 흡수하고, 마지막으로 타이어가 나머지 하중과 충격을 흡수하게 돼요. 비행기의 덩치가 커질수록 하나의 랜딩기어에 설치되는 휠과 타이어의 숫자도 덩달아 늘어나요. 하중과 충격을 최대한 분산시키기 위해서죠.

 ## 접히는 방식과 위치에 따라 나뉘어요

비행기의 고정식 바퀴는 접었다 펴는 데 필요한 부품이 필요 없어 구조가 단순해요. 대신 공기 저항을 일으키기 때문에 덩치가 작은 소형 비행기에서 쓰이죠. 소형 비행기가 아닌 대부분의 비행기는 바퀴를 접었다 펼 수 있는 접이식 랜딩기어를 가지고 있어요.

랜딩기어의 위치에 따라 전륜식과 후륜식으로도 나뉘어요. 전륜식은 앞쪽에 랜딩기어가 1개, 동체 뒤쪽에 2개가 있어요. 후륜식은 앞쪽에 랜딩기어가 2개, 동체 끝부분에 1개가 있어요. 후륜식은 소형 항공기에서 주로 볼 수 있어요.

보통 비행기의 활주 장치는 휠과 타이어로 이루어지지만 물 위나 눈밭에서 뜨고 내리는 비행기는 휠과 타이어 대신에 스키 모양의 활주 장치를 달기도 해요.

랜딩기어

© Konwicki Marcin / Shutterstock.com

타이어가 22개나 붙은 비행기도 있어요

에어버스 A380
© Steve Mann / Shutterstock.com

비행기 타이어는 자동차 타이어와 많이 달라요

비행기 타이어는 질소로 채워요. 이착륙 때에는 하중과 압력 때문에 타이어의 온도가 매우 높아지는데, 질소는 높은 외부 온도에서도 밀도나 온도 변화가 적기 때문이에요. 자동차 타이어처럼 산소공기를 채우면 산소의 온도가 덩달아 높아지면서 타이어가 폭발할 수도 있어요. 또한 산소는 고무를 굳게 만드는 성질이 있어요. 이를 '산화현상' 혹은 '경화현상'이라 해요. 질소를 쓰면 타이어의 수명이 줄어드는 것을 막을 수 있는 것이죠.

자동차의 타이어는 다양한 주행 환경에 맞춰 홈의 모양이 제각각이에요. 하지만 비행기의 타이어는 오직 직진과 제동에만 신경 써야 하죠. 모든 비행기 타이어의 목적이 같기 때문에 타이어 표면은 직선으로 된 홈 몇 개로 다 똑같아요.

피로해서 붙은 이름, 타이어

타이어tire는 자동차에서 가장 큰 피로tire를 느끼는 부품이라고 해서 붙여진 이름이에요. 자동차의 무게와 빠른 속도로 달릴 때의 압력을 버텨내야 하기 때문이죠. 비행기가 착륙할 때 타이어에서 뿌연 연기가 나는 것을 볼 수 있어요. 엄청난 마찰 때문에 생기는 것이죠. 비행기는 자동차보다 훨씬 무겁고 이착륙할 때 훨씬 빠른 속도로 달려요.

보잉 737
ⓒ Gaschwald / Shutterstock.com

비행기 타이어의 수명은 2~5개월이에요

보통 비행기의 크기와 무게에 따라 다르지만 평균 250~350회 정도 이착륙하면 타이어를 교체해요. 단거리를 자주 운항하는 소형 여객기는 2개월 정도, 그리고 장거리를 주로 운항해 이착륙 횟수가 상대적으로 적은 대형 여객기조차도 길어야 5개월을 사용하는 거예요. 참고로 자동차 타이어는 주행 거리에 따라 최대 5년 정도까지 쓸 수 있어요.

 비행기 타이어는 땜질을 하지 않아요

자동차 타이어는 못이 박히거나 구멍이 나면 땜질을 해서 계속 써요. 하지만 비행기 타이어는 손상이 생겨도 절대 땜질을 해서 쓰지 않아요. 땜질한 타이어는 이륙과 착륙할 때 발생하는 엄청난 하중과 압력을 버틸 수가 없기 때문이에요. 비행기 타이어는 아주 조그만 손상이라도 안전을 위해 무조건 새것으로 교체해야 한답니다.

비행기 타이어는 가격이 150만 원 정도나 돼요

비행기 바퀴는 덩치에 따라 달라져요. 국내선을 이용할 때 흔히 타는 보잉 737이나 에어버스 A320은 6개이고, 세계에서 가장 큰 여객기인 에어버스 A380은 무려 22개예요. 짧게는 2개월, 길게는 5개월에 한 번씩 수천만 원을 들여 타이어를 바꾸어야 하니 유지 비용도 어마어마하답니다.

ⓒ Belish / Shutterstock.com

비행기의 다양한 불빛

 ### 자동차와 비교할 수 없을 정도로 불빛이 많아요

최근에 개발된 여객기들은 객실 조명을 단순히 객실을 밝히는 것에 그치지 않고, 승객들을 편안하고 기분 좋게 하기 위해 은은한 파스텔 계열의 불빛을 내게 만들고 있어요.

이륙과 착륙 때, 그리고 난기류를 만나 기체가 흔들릴 때 등 안전벨트를 매야 할 상황에 승객들이 안전벨트를 할 수 있도록 머리 위로 안전벨트 등이 있어요.

밤에 비행할 때는 승객들이 편안하게 잘 수 있도록 객실 조명을 모두 꺼요. 그래도 잠이 안 오거나 책을 읽고 싶은 승객을 위해 자신의 자리만 비쳐주는 독서등도 마련되어 있지요.

 ### 안전과 소속을 보여주는 조명

밤이 되면 활주로가 깜깜해요. 그래서 비행기의 앞바퀴와 뒷바퀴에는 노란색의 조명이 달려 있어요. 활주로를 달릴 때 주로 쓴다 해서 활주등이라고도 불러요. 활주등은 여객기를 위해서뿐만 아니라 공항에서 일하는 많은 지상 근무자의 안전을 위해서도 꼭 필요하지요.

여객기에서만 볼 수 있는 또 하나의 특별한 불빛이 있어요. 바로 수직 꼬리 날개 밑에 위치해서 아래쪽에서 위쪽으로 수직 꼬리 날개를 비추는 조명이죠. 어둠이 짙게 깔린 활주로에서 수직 꼬리 날개의 조명을 환하게 켜서 자기가 어떤 항공사 소속의 여객기인지 저마다 화려하게 뽐내고 있는 모습을 볼 수 있을 거예요.

위치와 방향을 알려주는 중요한 불빛

항법등은 좌측 날개 끝에 빨간 불빛을, 우측 날개 끝에 녹색 불빛을, 그리고 꼬리 맨 뒷부분에는 흰색 불빛을 내는 조명으로 이루어져 있어요. 여객기든 소형 비행기든 전투기든, 하늘을 나는 세상의 모든 비행기는 이 항법등의 위치와 색깔이 모두 똑같아요. 이것은 전 세계가 함께 약속했기 때문이에요. 좌우측이랑 뒤쪽 불빛 색깔을 각각 다르게 한 것은 비행기가 어느 쪽으로 날든지 불빛의 색깔로 비행기의 비행 방향을 알 수 있게 하기 위해서예요.

밤하늘을 바라보았을 때 별처럼 생긴 작은 불빛이 깜빡거리며 천천히 움직이는 것을 본 적이 있나요? 그것이 바로 비행기 동체 위아래에 붙어 있는 충돌방지등이에요. 충돌방지등은 가까이서 보면 번쩍번쩍 보여서 비행기의 위치를 쉽게 알 수 있어요. 눈으로 보기에는 불빛이 켜졌다 꺼졌다 하는 것처럼 보이지만 가까이서 보면 불빛이 뱅글뱅글 돈답니다. 그래서 어떤 방향에서 보더라도 깜빡거리는 것처럼 보여요. 이 충돌방지등은 높은 관제탑에 있는 관제사들이 공항 활주로를 활주하는 여객기들의 움직임을 파악하는 데에도 중요한 역할을 해요.

비행기 내 화장실

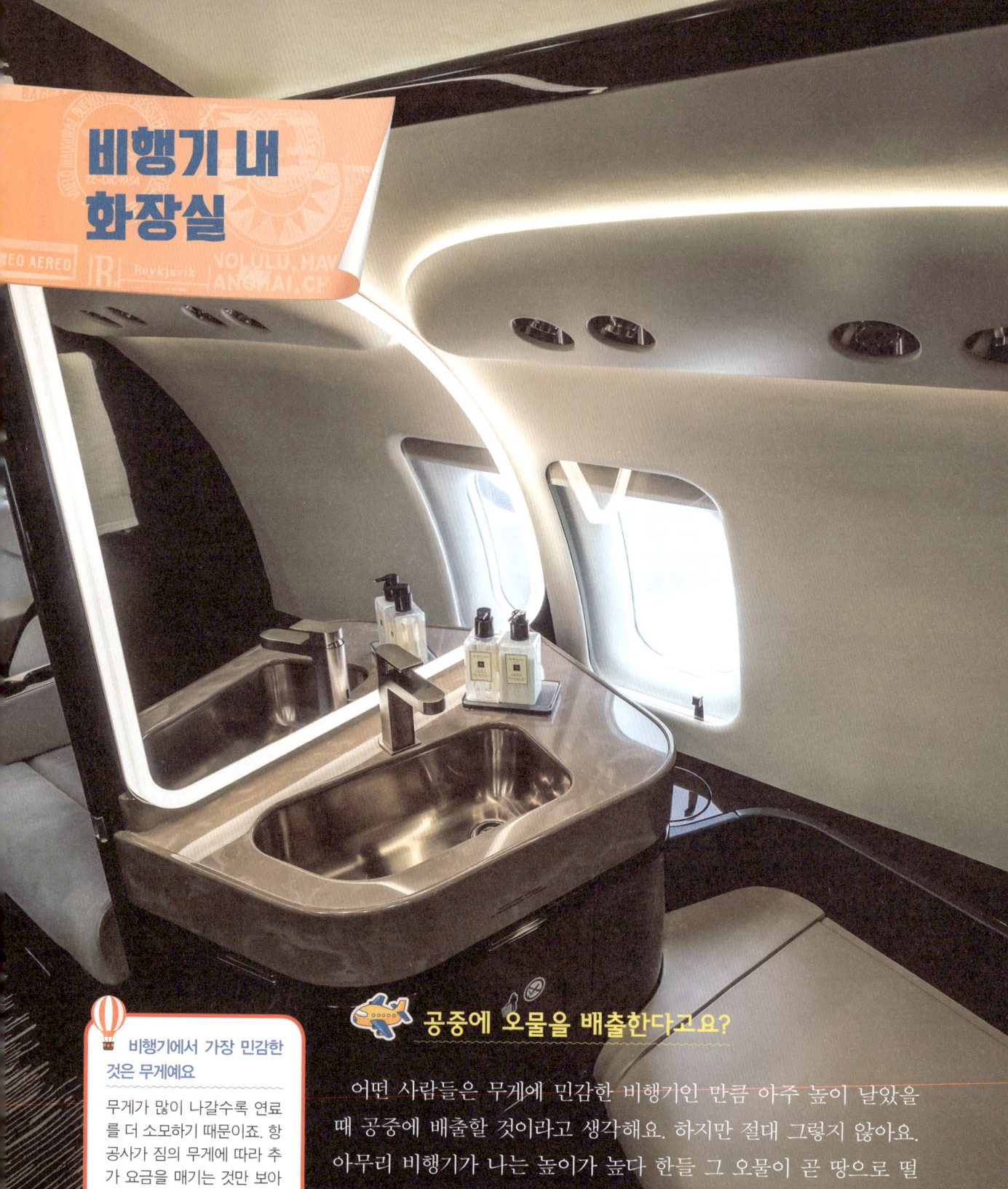

공중에 오물을 배출한다고요?

어떤 사람들은 무게에 민감한 비행기인 만큼 아주 높이 날았을 때 공중에 배출할 것이라고 생각해요. 하지만 절대 그렇지 않아요. 아무리 비행기가 나는 높이가 높다 한들 그 오물이 곧 땅으로 떨어지게 될 테니까요. 비행기 화장실에는 오물 처리 장치가 갖추어져 있답니다.

© Andrey Khachatryan / Shutterstock.com

비행기에서 가장 민감한 것은 무게예요

무게가 많이 나갈수록 연료를 더 소모하기 때문이죠. 항공사가 짐의 무게에 따라 추가 요금을 매기는 것만 보아도 무게에 얼마나 민감한지 알 수 있지요.

 잘게 부숴 탱크에 모아요

하늘을 나는 여객기는 오물을 비행기 안에 보관했다가 공항에 착륙하면 오물 수거 차량을 통해 수거해요. 기내 화장실 변기의 물을 내리면 세정액과 섞여 내려가고, 분뇨의 경우에는 배관 중간에 파쇄기로 잘게 부숴서 오물 탱크에 모아요.

오래전에 개발된 여객기들은 오물과 섞인 세정액을 반복해서 사용했어요. 그러다 보니 사용을 좀 하다 보면 냄새가 심해졌지요. 하지만 최신식 여객기는 세척용 물탱크와 오물을 보관하는 오물 탱크가 따로 있어서 반복해서 사용해도 냄새가 나지 않아요.

비행기에 처음부터 화장실이 있었던 것은 아니에요

화장실이 없었던 시절 조종사들은 대충 통 같은 곳에 소변을 보고 대변은 비행기 바닥에 나 있는 해치를 열고 배출하기도 했어요. 초창기 여객기 역시 오물 처리 시설을 갖추지 못해 빈 통을 기내 뒤쪽 구석에 두고 사용했지요. 통에 쌓이는 오물 냄새가 금세 기내에 퍼졌기 때문에 비행기 화장실 기술은 빠르게 발전했어요.

좌석마다 화장실도 달라요

화장실용 물탱크에 담을 수 있는 물의 양은 한정되어 있어요. 당연히 장거리 여객기에 더 큰 물탱크가 필요해요. 기종마다 차이는 있지만 보통 장거리 여객기는 이코노미석 기준으로 40명당 1개씩의 화장실을 쓸 수 있게 설계해요. 일등석이나 비즈니스석은 승객당 화장실이 여유가 있어 이코노미석에 비해 쾌적한 화장실 사용이 가능해요.

비행기는 안전을 중요시하기 때문에 흡연에 엄격해요

라이터를 가지고 비행기에 탈 수 없어요. 그래도 화장실에서 몰래 담배를 피우다 걸리면 벌금을 내야 해요. 우리나라는 500만 원이나 돼요. 홍콩이나 싱가포르는 입국 즉시 추방되고, 사우디아라비아 같은 서아시아 나라에서는 채찍 30대를 맞아야 한답니다.

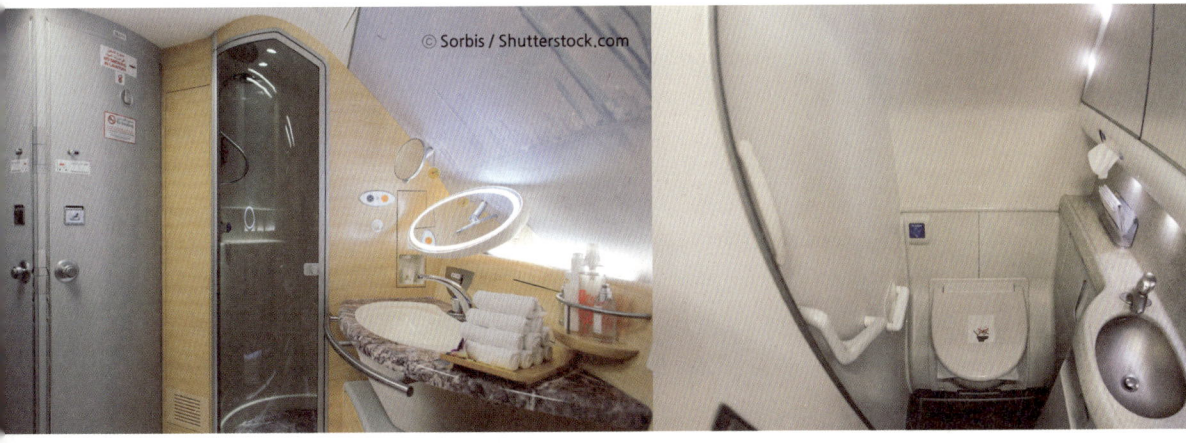
© Sorbis / Shutterstock.com

비행기 디자이너가 되려면 무엇을 해야 하나요?

✈ 멋보다는 안전과 성능을 우선시해요

비행기에서 예술적 감각을 요구하는 분야는 일반 여객기를 도색할 때뿐이랍니다. 동체에 색을 입히는 일을 제외하면 비행기를 만드는 데에 멋을 내기 위한 설계는 절대 없어요. 비행기의 사소한 부분 하나하나가 안전과 성능, 오직 이 두 가지만을 위해 존재하지요. 그래서 비행기의 전체적인 외형을 만드는 일조차도 철저하게 항공우주공학을 전공한 기술자들이 해요.

하지만 비행기의 외형이 성능을 결정하는 것은 아니기 때문에 항공우주공학자들만 모여서는 비행기를 만들 수가 없지요. 아무리 안전하고 성능 좋게 설계했다 하더라도 그것을 실제로 각종 전기와 전자, 유압 등의 동력으로 움직이는 기계 부품들로 제작할 수 없다면 아무 의미가 없겠지요. 그래서 기계 공학자, 전기 기술자, 전자 기술자, 유압 전문가 등이 함께 모여야만 비행기를 만들 수 있는 거예요.

✈ 비행기에 적용되는 기술은 굉장히 범위가 넓어요

어떤 분야의 공부를 하더라도 혼자서는 비행기를 만들 수 없어요. 이 말을 반대로 한다면 항공우주공학이 아닌 전기, 전자, 기계 분야를 공부한다 해도 비행기 디자이너가 될 수 있다는 뜻이 되죠.

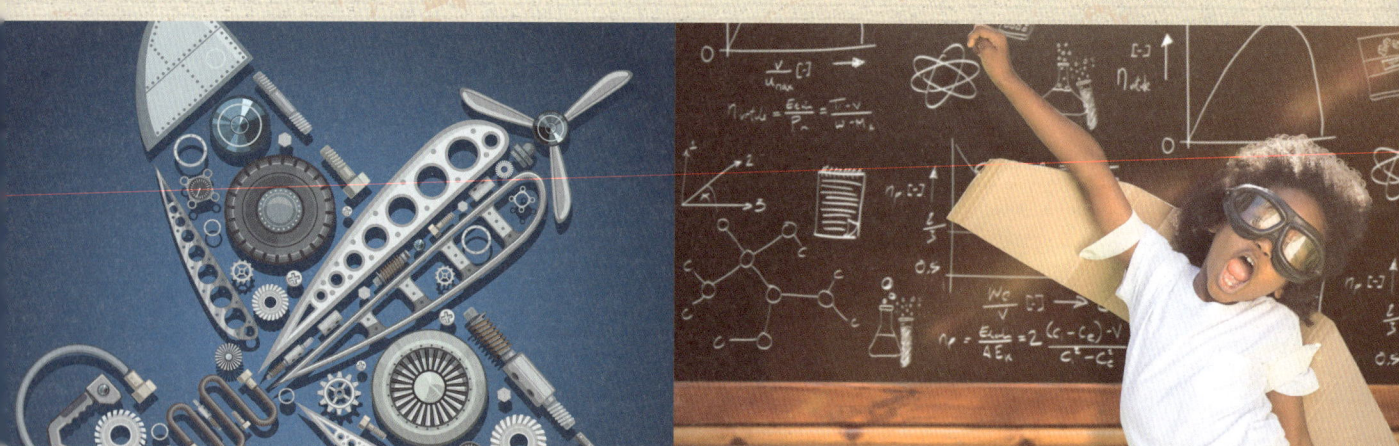

심지어 디자인을 공부했다 해도 비행기 도색 분야에 참여할 수 있겠죠. 그래서 비행기 디자이너가 되고자 한다면 특정 분야의 공부에 매달릴 것이 아니라 비행기 그 자체에 호기심과 열정을 갖는 것이 중요해요. 어떤 일이든 좋아하고 관심을 갖게 되면 잘하게 되거든요.

비행기 디자이너가 되기 위한 기본 조건들

비행기는 일종의 '정교하고 큰 기계'라고 할 수 있어요. 이런 기계를 설계하려면 수학이나 물리에 관심을 가져야 해요. 물론 누구에게는 비행기를 좋아하긴 하지만 수학이나 물리가 어려운 공부일 수 있을 거예요. 하지만 나무 없이 가구를 만들 수 없고 벽돌 없이 벽돌집을 만들 수 없듯이 비행기를 수학과 물리 없이 만들 수는 없지요.

비행기를 내 손으로 직접 만들겠다는 꿈이 생긴다면 조그만 비행기 모형을 조립하는 일부터 시작해 보는 것도 좋은 방법이랍니다. 분해된 부품을 하나하나 조립해가면서 비행기가 어떻게 제작되고 생산되는지를 상상할 수 있게 되거든요.

비행기에 대한 조그만 관심과 노력 하나하나가 모이면 언젠가 사람들이 안전하고 즐거운 비행기 여행을 마음껏 다닐 수 있게 만드는 멋진 비행기를 디자인하게 되는 날이 올 거예요.

> **자동차 디자이너**
>
> 자동차를 디자인할 때는 공학적 지식도 중요하지만 미적 감각이 더 중요한 능력이 되기도 해요. 아무리 성능이 좋은 자동차라도 디자인이 못생겼다면 사람들이 그 차를 사려고 하지 않거든요. 그래서 자동차공학을 전공한 사람이 아니라 산업디자인을 전공한 사람 같은 미적 감각이나 예술적 재능이 뛰어난 사람들을 더 선호하지요.

6부
비행기의 여러 가지 세계 기록

6부는 비행기의 세계 기록을 소개해요. 세계에서 가장 빠른 비행기와 많이 팔린 비행기 등 최초·최고 기록을 세운 비행기를 만나요. 1964년 12월 22일 첫 비행에 성공한 미국의 록히드의 SR-71 블랙버드는 1976년 7월 28일 마하 3.32를 기록하면서 세계에서 가장 빠른 비행기로 기록돼요. 블랙버드를 타면 400km 떨어진 서울에서 부산까지 6분 만에 갈 수 있어요. 사람을 실어 나르는 비행기 중에서는 보잉 737이 가장 많이 팔렸어요. 2016년 현재 주문량까지 합치면 모두 1만 3,600대 정도라고 해요.

하늘을 난 최초의 기구, 열기구

 인류의 비행은 빨래를 말리다 시작되었어요

몽골피에 형제의 형인 조제프 미셸 몽골피에는 평소 호기심이 많았어요. 어느 날 조제프는 빨랫줄에 빨래를 널고 불을 피웠어요. 그런데 불에서 나온 열기와 연기가 빨래를 위쪽으로 밀어내는 것을 보았어요. 빨래는 공중으로 붕 떠 있는 모습이 되었죠. 그 순간 조제프는 하늘을 나는 기구를 만들 수 있다고 생각하게 되죠.

1782년 몽골피에 형제는 실크로 풍선 형태의 기구를 만들어 처음으로 비행을 시도했어요. 곤돌라에 나무와 젖은 밀짚을 태워 거기서 나오는 열과 연기로 30미터 정도 곤돌라를 공중에 띄우는 데에 성공했죠. 이렇게 최초의 열기구가 등장했답니다.

첫 비행에 성공한 것은 가축이에요

이후 몽골피에 형제는 열기구를 점점 더 크게 만들었고, 마침내 사람을 태울 수 있을 만큼 크게 만들었어요. 그렇지만 추락의 위험이 있기 때문에 사람 대신 가축을 먼저 태워 실험하기로 했어요. 그렇게 해서 1783년 9월 19일 닭과 오리, 양을 바구니에 태웠어요. 열기구는 8분간 3km를 날아간 뒤 안전하게 착륙했지요.

열기구의 안전이 확인되자 몽골피에 형제는 그해 11월 21일 마침내 탑승을 자원한 물리학자 장 프랑수아 필라트르 드 로지에와 육군 장교 마르키스 다란데스 두 사람을 태운 열기구를 성공적으로 파리 상공에 띄웠어요. 이들은 1,000m의 고도를 25분 동안 비행했는데 이것이 바로 인류 최초의 유인 비행이랍니다.

오늘날 열기구는 관광·레저용으로 쓰여요

과거 실크로 만들어졌던 열기구는 오늘날 폴리우레탄이나 실리콘으로 코팅된 섬유로 만들어져요. 덕분에 열에 강하고 잘 찢어지지 않아 더욱 안전해졌어요. 최대 1만 2,000m까지 상승할 수 있지만 편안하고 안전한 비행을 위해 보통 300m 전후의 고도로 비행한답니다.

현대식 열기구는 활주로가 필요 없어서 운용이 간편하고 다루기가 쉬워 레저스포츠나 관광용으로 많이 쓰여요. 특히 풍경이 아름다운 유럽과 오스트레일리아, 아프리카에서 관광용으로 인기가 높아요. 몽골피에 형제가 태어난 프랑스에서는 인류 첫 유인 비행을 기념하기 위해 매년 열기구 축제가 열려요. 수백 개의 열기구가 한꺼번에 하늘을 수놓아 장관을 이룬답니다.

 몽골피에 형제의 고소공포증

몽골피에 형제는 열기구를 발명했지만 정작 자신들이 비행을 한 적은 없어요. 바로 고소공포증 때문이죠. 형 조제프가 첫 비행을 앞두고 열기구 시험 중 탑승해 밧줄에 묶인 채로 잠깐 공중에 떴다가 내려온 것이 전부였지요. 그래서 몽골피에 형제는 인류 첫 유인 비행을 다른 사람들에게 양보하게 된 것이랍니다.

오빌 라이트의 비행

최초의 동력 비행기, 플라이어 호

 최초의 동력 비행기는 12초 동안 날았어요

1903년 12월 17일 미국 노스캐롤라이나 주 키티호크 해안가 킬데빌 모래 언덕에 라이트 형제가 이상한 물체를 끌고 왔어요. 바로 최초의 동력 비행기 플라이어 호죠. 라이트 형제가 만든 플라이어 호는 땅을 떠나 12초 동안 36m를 날았답니다.

윌버 라이트와 오빌 라이트 형제는 원래 자전거점을 운영했어요. 1896년 독일의 릴리엔탈이라는 사람이 글라이더를 시험하다가 추락해서 목숨을 잃었다는 뉴스를 보고 비행기에 관심을 갖게 되었죠. 라이트 형제는 글라이더를 만들어 시험 비행을 하면서 비행기 조종 기술을 먼저 익혔어요. 수천 번의 글라이더 시험 비행을 마치고 드디어 1903년 동력 비행기를 만들었어요. 형제는 비행기 동체에 나무 프로펠러를 달고 가솔린 엔진을 얹어 플라이어 호를 완성했어요. 플라이어 호는 날개 길이 12.3m, 무게 174kg, 엔진 힘은 12마력이었어요.

많은 실패를 극복하고 비행에 성공했어요

라이트 형제

플라이어 호

키티호크 해안은 바람이 강해서 글라이더 시험 비행을 하기에 좋았어요. 또 모래벌판이 넓게 펼쳐져 있어서 글라이더가 부서지거나 조종을 하다 떨어져도 다칠 위험이 적었죠. 나무도 없고 모래밭이 구릉을 이루고 있어서 비행기 시험을 하기에 아주 좋은 장소였다고 해요.

첫 시도는 12월 14일이었어요. 동전을 던져 순서를 정했는데 형 윌버가 이겨서 먼저 탔어요. 플라이어 호는 뜨려는 순간 땅으로 곤두박질쳤어요. 첫 시도는 실패였어요. 플라이어 호를 수리하는 데 2일이 걸리는 바람에 12월 17일에 다시 도전했고 이번에는 동생 오빌이 조종했어요. 비행은 성공했고 12초 동안 36m를 날았어요. 속도는 11km 정도였답니다. 이후 두 차례 비행을 더 했고 53m와 61m를 날았어요. 네 번째 비행에서는 59초 동안 260m를 날았어요.

플라이어 3호는 38분 동안 날았어요

라이트 형제의 인류 최초 동력 비행 성공은 사람들의 관심을 끌지 못했어요. 지역의 신문사 네 곳만이 비행 성공을 보도했죠. 이후 라이트 형제는 1904년에 플라이어 2호와 3호를 만들었어요. 2호는 105번 시험 비행을 하는 동안 최장 5분 4초를 날았고, 비행 거리도 5km를 넘었어요. 1905년 나온 3호는 38분 동안 45km를 나는 기록을 세웠어요.

1906년에는 특허권을 얻기도 했지만 사람들은 라이트 형제의 비행기를 믿지 못했어요. 1908년 윌버는 프랑스에서 직접 조종하면서 다양한 기술을 선보였어요. 이 광경을 보기 위해 모인 수천 명의 사람들은 열광했고, 이때부터 세계적인 명성을 얻게 됐어요. 이후에 미국에서도 업적을 인정받기 시작했답니다.

세계 최초의 제트기

Me 262

 1900년대 초반에는 세상에 프로펠러 비행기만 존재했어요

다른 방식으로 하늘을 나는 건 상상도 못했죠. 하지만 프로펠러 엔진은 성능이 아무리 좋아도 시속 700km를 넘지 못했어요.

 **세계 최초의 제트기, He 178**

1937년 4월 영국에서는 세계 최초의 제트 엔진인 '파워제트 WU' 가동에 성공했어요. 독일의 기술자였던 한스 폰 오하인은 파워제트 WU를 보완하면 실제 비행기에 장착할 수 있을 것이라 생각했어요.

오하인은 1936년에 '하잉켈'이라는 독일 비행기 제작 회사에 들어갔어요. 하잉켈 비행기 기술자들과 힘을 합쳐 1937년 3월 독일 최초의 제트 엔진인 HeS 1 개발에 성공했지요.

그 무렵 하잉켈에서는 제트 엔진을 장착할 최초의 제트기인 He 178을 만들어요. 오하인은 He 178에 장착할 더 성능 좋은 제트 엔진인 HeS 3을 개발했지요. 마침내 1939년 8월 27일 HeS 3 제트 엔진을 장착한 He 178이 첫 비행에 성공하면서 세계 최초의 제트기가 되지요.

He 178

세계 최초의 제트 전투기, He 280

오하인은 이 여세를 몰아서 더욱 성능이 좋은 제트 엔진인 HeS 8 개발에 성공했고, 하잉켈 기술자들은 이 엔진을 탑재한 He 280을 만들어냈어요. He 280은 1941년 3월 30일에 첫 비행에 성공했어요. He 280은 '세계 최초의 제트기'라는 타이틀을 넘어 '세계 최초의 제트 전투기'라는 역사적인 기록을 함께 얻게 되었어요.

He 280

He 280이 첫 비행에 성공한 지 불과 몇 달 후 제2차 세계대전이 벌어졌어요. 독일은 국가의 힘을 총동원해 성능 좋은 비행기들을 전투기와 폭격기로 쓰고자 했지요. 당연히 세계 최초의 제트 전투기인 He 280은 독일 공군의 주목을 받았어요.

하지만 He 178은 새로 개발된 제트 엔진이 가동될 때 너무 큰 진동을 일으켰어요. 심한 진동 때문에 연료가 줄줄 새는 일도 많았죠. 실제 거칠고 위험한 전쟁터에서 쓰기에는 큰 문제였지요.

세계 최초의 실용 제트 전투기, Me 262

He 280이 등장한 지 1년 뒤 제트 엔진 기술은 더욱 발전하기 시작했어요. 결국 독일의 비행기 제작 회사인 메서슈미트에서 만든 Me 262라는 비행기가 독일 공군의 선택을 받고 '세계 최초의 실용 제트 전투기'라는 타이틀을 가져가게 되었지요.

세계에서 가장 빠른 비행기

SR-71 블랙버드

✈️ 음속의 벽을 넘는 속도 경쟁이 시작됐어요

음속 = 마하 1
음속은 초속 340m, 1초에 340m를 간다는 뜻이고, 마하 1이라고 불러요.

제2차 세계대전이 끝나고 미국과 소련을 중심으로 제트기의 속도 경쟁이 본격적으로 시작되었어요. 가장 먼저 넘어야 하는 기록은 바로 소리의 속도, 즉 음속을 돌파하는 것이었어요. 마하 1보다 빨리 나는 비행기는 그 당시까지 세상에 존재하지 않았거든요. 세계 최초로 음속을 돌파한 비행기는 1945년 10월 14일 미국의 벨 X-1이었어요. 이어 1953년 11월 20일에는 미국의 더글러스에서 만든 미 해군 실험기 D-558-2 스카이로켓이 마하 2를 돌파했지요.

 ## 마하 3 이상의 속도를 내는 비행기의 기술

마하 3 이상으로 날기 위해서는 당연히 엔진의 힘이 강해야 했어요. 더 큰 문제는 빠른 속도로 날 때 생기는 공기 저항 때문에 비행기 전체가 녹아버릴 정도로 엄청나게 높은 열이 발생한다는 점이었지요. 마하 3의 속도가 되면 비행기 앞부분의 온도는 480도, 날개 부근은 650도까지 올라가요. 보통 알루미늄으로 제작되는 비행기는 150도만 되어도 강도가 약해져 공중 분해될 위험이 커져요. 또 항공기에 쓰이는 연료는 고온에서도 불이 붙지 않게 만들어져 있지만 210도가 되면 자연적으로 불이 붙어요. 불이 붙으면 비행기는 공중 폭발하게 되죠. 마하 3 이상의 속도를 내는 비행기는 이 모든 위험을 극복한 기술을 자랑해요.

블랙버드는 불사조?

블랙버드는 전 세계를 비행하며 1998년까지 정찰기 임무를 수행했어요. 워낙 빠르고 높게 날아서 1억km가 넘는 비행 거리 동안 100발 이상의 미사일 공격을 받았지만 한 번도 격추된 적이 없다고 해요.

 ## 세계에서 가장 빠른 비행기, SR-71 블랙버드

1964년 12월 22일 첫 비행에 성공한 미국의 록히드의 SR-71 블랙버드는 1976년 7월 28일 마하 3.32를 기록하면서 세계에서 가장 빠른 비행기로 기록돼요. 마하 3.32는 시속 3,500km 정도예요. 1초에 900m를 가는 총알은 시속 3,240km인데, 그것보다 빠르죠. 블랙버드를 타면 400km 떨어진 서울에서 부산까지 6분 만에 갈 수 있어요.

세계 최초로 마하 1을 돌파했던 X-1과 마하 2를 돌파했던 D-558-2는 그저 속도 기록을 깨기 위한 실험기였어요. 하지만 SR-71 블랙버드는 속도 능력과 함께 실용성을 인정받아서 1966년에 미 공군에 채택되었어요.

SR-71 블랙버드

세계 최초로 마하 2를 돌파한 D-558-2

세계에서 가장 크고 무겁고 긴 비행기

An-225

 길이가 84m, 무게가 285,000kg인 항공기

우크라이나의 안토노프라는 회사에서 만든 An-225는 길이가 84m, 날개 너비는 88.4m나 돼요. 체력 측정할 때 달리기 코스인 50m/100m 트랙을 상상해보세요. An-225의 길이나 너비는 우리가 한참을 달려야 오갈 수 있는 크기예요. 꼬리 날개의 높이는 18.1m나 되는데, 이는 아파트 5층 정도 높이죠.

그뿐 아니에요. 보통 비행기는 엔진이 많아야 4개인데 An-225는 6개나 달고 있어요. 무게도 엄청납니다. An-225는 자체 무게는 285톤285,000kg 정도이나 되고 승객과 화물을 최대 250톤이나 실을 수 있어요.

 **우주선을 수송하기 위해 만들었어요**

 An-225의 애칭

An-225은 우크라이나어로 므리야Mriya, 즉 "꿈"이라는 애칭을 가지고 있어요. 규모와 역할에 알맞은 별명이에요.

An-225는 화물을 주로 실어 나르는 수송기예요. An-225가 개발된 1980년대에 소련은 미국과 우주 개발 경쟁을 벌이고 있었어요. 특히 우주 비행사들을 태우고 우주로 갔다가 다시 돌아오는 우주왕복선 개발이 중요했죠. 소련은 부란Buran이라는 우주왕복선 개발에 성공했어요. 그런데 부란이 너무 크고 무거워서 그 당시 소련의

An-225 ⓒ OPIS Zagreb / Shutterstock.com

그 어떤 수송기로도 부란을 옮길 수가 없었어요. 부란을 실어 나르기 위해 거대한 수송기를 만들 수밖에 없었는데, 그것이 바로 An-225랍니다. An-225가 첫 비행에 성공한 것은 1988년 12월 21일이었어요.

An-225가 세상에 단 한 대밖에 없는 이유

1990년대에 이르면서 소련의 우주 개발은 더 활발해졌어요. 그만큼 더 많이 생길 우주왕복선을 수송하기 위해 An-225를 더 만들어야 했죠. 그래서 안토노프는 두 번째 An-225를 만들기 시작했어요. 그런데 만들던 도중 1991년 소련이 무너져버렸어요. 모든 우주 개발은 중단되어버렸고, 수송할 부란이 없어지면서 An-225를 더 만들 필요가 없어졌지요.

두 번째 An-225는 70% 정도만 만들어진 상태에서 제작이 중단되어 오늘날까지도 미완성인 상태로 안토노프 공장에 남아 있어요. 현재까지 비행하고 있는 An-225는 세계에서 딱 한 대뿐이에요. 지금은 우크라이나 항공에서 특수 수송용으로 운항 중에 있지요.

연료를 태워서 가동하는 제트 엔진이 아닌 완전히 새로운 형태의 추진 기관이 개발되지 않는 한 앞으로 An-225보다 크고 무거운 항공기는 개발되지 않을 거라고 해요.

An-225와 부란

세계에서 가장 많이 팔린 비행기

보잉 737
© Carlos Yudica / Shutterstock.com

 전 세계 민간 비행기 수는 2만 8,000대 정도예요

전 세계 공항의 수는 4만 개가 넘어요. 그중에 국제공항이 1,200개 정도예요. 1년 동안 비행기를 탄 사람의 수는 35억 명이에요. 20년 뒤에는 그 수가 2배로 늘어난다고 해요. 해외로 나가지 않더라도 국내에서 비행기를 타는 사람도 꽤 많아요. 마치 고속버스를 타고 먼 곳에 가는 것처럼 비행기를 타고 이동하죠. 상업 운항을 하는 민간 비행기의 수는 현재 2만 8,000대 정도예요. 개인이 소유한 비행기나 군용기까지 합치면 그 수는 훨씬 늘어나요.

보잉 737을 만드는 보잉사는 2016년부터 20년 동안 전 세계에서 4만 대의 항공기가 필요하다고 예측하고 있어요.

 **가장 인기 있는 비행기, 보잉 737**

사람을 실어 나르는 비행기 중에서는 보잉 737이 가장 많이 팔렸어요. 1967년에

등장해서 지금까지 생산한 수가 9,300대에 이르죠. 보잉 737은 2006년에 5,000번째 비행기를 사우스웨스트 항공사에 인도했어요. 이때 세계에서 가장 많이 팔린 비행기로 기네스북에 올랐어요. 2014년에는 8,000번째 비행기를 유나이티드 항공사에 넘겨줬어요. 2016년 현재 주문량까지 합치면 모두 1만 3,600대 정도라고 해요.

세스나 172
© James A. Harris / Shutterstock.com

보잉 737이 인기를 끈 데는 항공 산업 발달이 큰 영향을 끼쳤어요. 단거리를 이동하는 국내선 운항이 늘면서 단거리와 중거리를 모두 해내는 보잉 737의 인기가 올라갔어요. 나온 지 오래됐지만 꾸준하게 성능을 개선해서 운용하는 항공사는 물론이고 이용하는 승객들도 만족도가 높다고 해요.

소형 비행기의 대표, 세스나 172

소형 비행기 중에서는 미국의 항공 회사인 세스나에서 만든 경비행기가 가장 많이 팔렸어요. 1956년 선보인 세스나 172기는 지금까지 4만 3,000대 이상 팔렸다고 해요. 조종석 포함 4개 좌석을 갖췄고 최고 시속은 302km, 운항 속도는 시속 239km이고, 1,270km를 날아갈 수 있어요.

세스나 172기는 주로 미국에서 많이 팔려요. 미국은 전 세계 공항의 4분의 1이 몰려 있고 땅이 넓기 때문에 경비행기를 이용한 이동이 많기 때문이지요. 조종사 면허를 가지고 있는 사람만 60만 명이 넘는다고 해요.

군용기의 베스트셀러

군용 비행기 중에서는 러시아 일류신이라는 회사에서 만든 일류신 II-2라는 전투기가 가장 많이 하늘을 날았어요. 제2차 세계대전 기간인 1941~1945년에 모두 3만 6,183대가 생산됐어요. 이후에 나온 일류신 II-10 모델까지 합치면 모두 4만 2,330대가 만들어졌지요.

일류신 II-2

세계 최초의 초음속 여객기, 콩코드

콩코드
© Neirfy / Shutterstock.com

 프랑스와 영국의 합작품이에요

1945년 제2차 세계대전이 끝난 이후 전 세계의 비행기 기술은 미국과 소련이 주도했어요. 이에 뒤질세라 영국과 프랑스는 그들의 독주를 막고 유럽의 자존심을 세우고자 최고의 성능을 가진 여객기를 함께 만들기로 했죠. 그 당시 여객기들은 기껏해야 시속 700km 정도밖에는 날지 못했어요. 하지만 영국과 프랑스는 음속을 뛰어넘는 초음속 여객기를 공동 개발하기로 하고 협력과 조화를 의미하는 콩코드라 이름을 지었어요.

초음속 여객기를 영국과 프랑스만 개발하고 있던 것은 아니었어요. 소련은 콩코드가 첫 비행에 성공하기 넉 달 전인 1968년 12월 초음속 여객기인 Tu-144의 첫 비행에 성공했어요. 콩코드보다 먼저 하늘을 난 Tu-144에 화들짝 놀란 영국과 프랑스는 개발을 서둘러 1969년 3월 콩코드의 첫 비행을 성공시켰고, 1969년 11월에는 무려 마하 2의 속도로 비행하는 데 성공했죠.

무엇보다 안전이 중요했기 때문에 오랫동안 시험 운항을 한 끝에

마하 2의 놀라운 속도
일반 여객기가 서울에서 부산까지 가는 데 50분이 걸리지만 콩코드는 단 8분이면 갈 수 있어요. 일반 여객기가 프랑스 파리나 영국 런던에서 대서양을 건너 미국 뉴욕까지 가는 데에 7시간 걸리는데, 콩코드는 불과 3시간 20분 만에 비행할 수 있죠.

Tu-144

콩코드는 1976년 1월 21일 최초의 상업 운항을 시작했어요. 상업 운항은 돈을 주고 좌석을 구매한 승객을 태우고 노선에 취항하는 것을 의미해요. 이건 여객기 본연의 목적이니 첫 비행에 성공한 Tu-144보다 훨씬 위대한 기록이죠.

Tu-144

 끔찍한 사고 이후 은퇴했어요

시대를 앞선 기술을 가진 콩코드에게도 단점이 많았어요. 일반 여객기보다 요금이 10배 넘게 비싸서 큰 부자가 아니고서는 콩코드를 타기 어려웠어요. 게다가 빠른 속도를 내기 위해 동체가 좁은 만큼 좌석도 좁고 불편했죠.

2000년 7월 25일 파리 샤를드골 공항을 떠난 뉴욕 행 콩코드가 이륙 중 활주로에 떨어져 있던 금속 조각에 동체가 손상을 입어 폭발해버렸어요. 이 사고로 100명 가까운 부자와 고위층 사람이 죽었어요. 세계의 찬사를 받던 콩코드는 이 사고로 단번에 전 세계의 따가운 눈총과 미움을 받는 여객기가 되었지요.

결국 2003년 11월 26일 취항 27년 만에 콩코드는 은퇴했어요. 현재는 영국과 프랑스, 미국의 항공박물관에서만 만나볼 수 있어요. 콩코드가 은퇴한 지 벌써 꽤 오랜 시간이 흘렀지만 박물관에서 만나볼 수 있는 콩코드는 여전히 마치 미래에서 온 듯한 자태를 뽐내고 있답니다.

놀라운 비행 기록, 항공 기네스

 현재 세계에서 가장 긴 직항 노선

두바이에서 뉴질랜드 오클랜드까지 운행하는 에미리트 항공의 1만 4,192km 노선, 미국 샌프란시스코에서 인도 뉴델리까지 날아가는 인도 항공의 1만 2,359km 노선은 둘 다 17시간 15분이 걸려요. 이 노선보다 긴 노선은 나오기 쉽지 않아요. 지구 반대편으로 간다고 하면 거리는 2만km인데, 현재 2만km를 한 번에 날아갈 수 있는 비행기는 없어요. 멀리 가야 1만 8,000km 정도랍니다. 우리나라 비행기 중에서는 인천과 미국 애틀랜타를 오가는 대한항공 노선이 가장 길어요. 1만 1,511km이고 15시간 정도 걸려요.

 **최초로 대서양을 무착륙 횡단한 때는 1927년이었어요**

미 육군 항공대 소속 우편 배달기 조종사인 린드버그는 '세인트 루이스의 정신'이라고 이름 붙인 단발 엔진 단엽 비행기를 타고 대서양 횡단에 성공했어요. 미국 뉴욕 롱아일랜드 루스벨트 공항을 떠나 33시간 32분 동안 5,815km를 날아 파리 르브루제 공항에 무사히 착륙했어요. 비행기가 가벼워야 같은 연료로 더 많이 날 수 있기 때문에 불필요한 짐은 모두 버렸답니다. 심지어 낙하산도 싣지 않고 음식물도 샌드위치 다섯 조각과 물 1L만 실었다고 해요.

최초의 태평양 횡단은 1931년이었어요

미국의 클라이드 팡본과 휴 헤른돈이라는 사람은 단발 엔진 단엽기를 타고 태평양을 건넜어요. 일본 아오모리 현 미사와시 사비시로 해변에서 1931년 10월 4일 출발해 41시간을 날아 미국 워싱턴 주 이스트 웨나치에 착륙했어요.

2016년에는 태양광 비행기가 태평양을 건넜어요

솔라임펄스 2라는 태양광 비행기는 2015년 세계 일주를 위해 아랍에미리트의 아부다비를 출발해 오만, 미얀마, 중국, 일본을 거쳐 2016년에 태평양을 건너 하와이에 내렸어요. 이후 2016년 하와이를 출발해 샌프란시스코에 도착했답니다. 연료를 쓰지 않는 태양광 비행기는 태양열을 전기로 바꿔 전기 모터를 돌려 프로펠러 추진력을 얻어요. 태평양은 고장이 나도 불시착할 곳이 없기 때문에 아주 어려운 코스로 여겨진답니다.

솔라임펄스 2

세계 최장 비행 기록

미국의 억만장자 모험가 스티븐 포셋은 초경량 비행기 '버진애틀랜틱 글로벌 플라이어' 호를 몰고 76시간 45분 동안 4만 2,467.5km를 비행했어요. 비행 중에는 5분 이상 잔 적이 없고, 음식은 밀크셰이크만 먹었다고 해요. 포셋은 열기구로 지구를 일주하는 기록을 세우는 등 도전적인 모험 활동을 했어요. 안타깝게도 포셋은 2007년 실종됐고, 목숨을 잃은 채로 발견됐답니다.

인간 동력 비행기의 최장 비행 기록

인간 동력 비행기는 페달을 밟아 프로펠러를 돌려 비행을 해요. 1988년 미국 MIT 공대에서 만든 다이달로스는 그리스 크레타 섬에서 산토리니까지 119km를 3시간 54분 동안 비행했어요.

잊지 못할 비행기 사건들

✈ 공중에 떠 있고 나갈 수 없어서 하늘에서 고립돼요

비행 중에는 좋지 않은 일이라도 발생한다면 꼼짝없이 당할 수밖에 없어요. 나쁜 목적을 가진 사람들은 이런 약점을 노려서 비행기를 납치하거나 테러를 해요. 비행기는 한번 사고가 나면 피해가 크고, 전 세계에 소식이 퍼져요. 이런 점을 악용해 테러범들은 무리한 요구를 해요.

테러나 납치를 처음부터 막기 위해 공항에서는 검색을 철저히 해요. 비행기를 타기 전에 위험한 물건이 없는지 검색대를 거치면서 검사를 받아야 해요. 액체 폭탄을 사용할 수도 있기 때문에 액체류는 일정량 이상 들고 탈 수 없어요.

✈ 비행기 납치와 테러는 오래전부터 발생했어요

세계 최초 납치 사건은 1931년 페루에서 발생했어요. 페루의 혁명분자들이 행동강령을 적은 유인물을 뿌리기 위해 우편물 수송기를 납치했어요. 다행히 인명 피해는 없었어요.

민간 비행기 납치 사건은 1947년에 루마니아에서 발생했어요. 군 장교 3명이 비행기를 납치해 터키로 망명했다고 해요. 처음으로 항공기가 폭발한 사건은 1949년이에요. 보험금을 노린 범인이 필리핀 항공 비행기에 다이너마이트를 설치해 공중에서 폭파시킨 사건이에요. 이후에도 분쟁 지역 국가의 테러리스트들이 납치하는 사건이 종종 발생했어요.

✈ 북한의 폭탄 테러로 공중에서 폭발한 우리나라 비행기

1987년에 바그다드에서 서울로 가던 대한항공 비행기가 미얀마 상공에서 소식이 끊겼어요. 사고가 난 후 15일이 지나서 양곤 근처 해상에서 잔해가 떠올랐고, 수사 결과 테러라는 게 밝혀졌어요. 115명이 목숨을 잃었답니다.

✈ 전 세계를 혼란과 공포에 빠뜨렸던 9·11테러

2001년 9월 11일, 아메리칸 항공 11편이 미국 뉴욕에 있는 무역센터 북쪽 건물에 충돌했어요. 얼마 지나지 않아 유나이티드 항공 175편이 무역센터 남쪽 건물에 부딪혔어요. 두 건물은 손상을 입은데다가 화재가 발생해 모두 무너져 내렸어요. 비슷한 시각에 미국 국방부인 펜타곤에도 아메리칸 항공 77편이 떨어졌어요. 비행기 납치범들이 민간인들이 탄 비행기를 납치해서 건물을 무너뜨렸어요. 이 사건은 미국뿐만 아니라 전 세계를 공포와 혼란에 몰아넣은 9·11테러예요. 납치범들의 테러로 수천 명이 죽거나 다친 역대 최악의 항공 사건이에요.

✈ 비행기 실종 사건

2014년에는 승객과 승무원 239명을 태우고 쿠알라룸푸르에서 중국 베이징으로 가던 말레이시아 항공 비행기가 인도양에서 사라진 사건이 발생했어요. 바다 위에서 사라져서 바다에 추락했다고 추정했지만 잔해는 발견되지 않았어요. 기체 이상을 의심했지만 해당 기종인 보잉 777은 안전하기로 소문난 비행기예요. 테러일지도 모른다는 추측도 나왔어요. 승객 중 두 명이 위조 여권을 사용한 게 밝혀졌지만 테러와 관련은 없는 쪽으로 결론이 났어요.

2016년에는 남아프리카공화국 근처에서 이 비행기의 것으로 보이는 잔해 일부가 발견됐어요. 3년 가까이 수색을 했지만 성과를 얻지 못하고 2017년 초에 공식 수색을 중단했답니다. 아직까지도 이 사건은 풀리지 않는 미스터리로 남아 있어요.

7부
재미있는 비행기 이야기

7부는 재미있는 비행기 이야기예요. 비행기에는 몇 명이 탈 수 있는지, 대통령은 어떤 비행기를 타는지 등 흥미로운 사실과 에피소드를 소개해요. 비행기가 다니는 길은 도로와는 달리 일정한 높이를 가지고 있어요. 눈에 보이지 않는 사각형 상자 모양의 터널이 있는 셈이죠. 에어포스 원은 미사일 충격을 견디는 방탄 처리를 했고, 핵폭탄이 터지는 환경에서도 견딜 수 있다고 해요. 경비행기는 싼 것은 1,000만 원대인 제품도 있고, 보통 1억 원 이하예요. 에어버스사의 A380은 1대 가격이 우리 돈으로 4,800억 원이에요.

비행기는 어떻게 공중에 뜰 수 있을까요?

 아주 크고 무거운 비행기가 하늘을 나는 비결은 양력이에요

대형 비행기인 보잉 747-400기는 무게가 180톤 정도예요. 승용차 100대를 모아놓은 무게죠. 기름을 비롯해 이것저것 실으면 380톤이 넘어요. 이렇게 무거운 비행기가 어떻게 하늘을 날 수 있을까요?

하늘을 나는 비결은 양력이에요. 이 힘을 만들어내는 게 바로 날

 양력
중력의 힘을 거스르고 중력의 반대 방향으로 작용하는 힘이에요.

개죠. 비행기 날개는 옆에서 보면 앞은 크고 뒤는 작은 형태예요. 마치 길이가 짧은 바늘처럼 생겼어요. 이 날개를 앞이 살짝 들리게 해놓으면 공기의 흐름이 변해요. 날개 앞부분에 부딪힌 공기는 두 갈래로 나뉘어요. 위쪽 공기는 날개를 타고 흐르고, 아래쪽 공기는 아래쪽으로 꺾여요. 공기를 아래쪽으로 꺾으려는 힘과 이에 대한 공기의 반작용이 날개에 더해지면서 양력이 생겨요.

한편 날개 위로 흐르는 공기는 속도가 빠르고, 아래쪽은 느려요. 위는 공기 압력이 작아지고 아래는 커지기 때문에 압력이 큰 아래쪽에서 낮은 위쪽으로 밀어 올리는 힘이 생겨요. 이런 원리는 새의 날개와 같아요.

양력이 일어나려면 일정한 속도 이상으로 달려야 해요

양력을 일으켜야 하기 때문에 비행기가 이륙할 때에는 빠른 속도로 달려요. 무거운 비행기일수록 더 빠른 속도로 달려야 날아오를 수 있어요. 보잉 747 기종은 시속 320km 정도 속도로 달려요. 747보다 작은 737 기종은 시속 230km쯤 되지요.

사람이 공중에 뜰 수 없는 이유

제아무리 점프력이 좋은 사람이 제자리에서 뛰면서 팔을 펄럭이듯 움직여도 다시 땅으로 내려와요. 지구가 물체를 중심으로 잡아당기는 중력이라는 힘이 작용하기 때문에 공중에 뜰 수 없죠.

자동차도 날개를 달아준다면 떠오를 수는 있어요

실제로 자동차는 빨리 달릴 때 위로 떠오르려는 특성을 보여요. 자동차는 땅에 잘 붙어 있어야 하기 때문에 이런 경우는 안전에 위협이 돼요. 고속으로 달리는 스포츠카나 경주차는 날개의 원리를 반대로 이용해 위에서 아래로 눌러줘서 땅에 더 잘 붙게 한답니다.

비행기는 대부분 바람이 불어오는 방향으로 이착륙해요

이륙할 때 뒤에서 바람이 불면 엔진이 더 많은 힘을 써야 하고 활주 거리도 길어져요. 착륙할 때 뒤에서 바람이 불면 양력이 줄어서 위험한 상황에 빠질 수 있어요. 공항을 건설할 때 이런 특성을 고려해 그 지역의 바람 방향을 따라 활주로를 건설한답니다.

보잉 747-400
© Nutkamol komolvanich / shutterstock.com

하늘을 꿈꿨던 레오나르도 다 빈치

레오나르도 다 빈치의 스케치

 꿈은 상상을 현실로 이루는 것

불가능한 일도 언젠가는 꼭 이뤄진답니다. 아주 오랜 옛날 달에 토끼가 산다는 얘기가 돌 때, 사람들은 언제 달에 가서 토끼를 만날 수 있을까 상상만 했어요. 달에 가고자 하는 꿈은 1969년에 이뤄졌어요. 멀리 있는 사람과 옆에 있는 것처럼 대화하고자 하는 바람은 전화기의 발명으로 실현됐죠.

하늘을 나는 것도 인류의 오랜 소망 가운데 하나였죠. 1903년 라이트 형제가 비행에 성공하면서 드디어 꿈이 이뤄졌지요. 단지 상상이 현실이 되기까지 시간이 많이 걸렸을 뿐이에요.

레오나르도 다 빈치를 화가로만 알고 있나요?

비행기 하면 레오나르도 다 빈치를 빼놓을 없어요. 레오나르도 다 빈치는 유명한 화가로 〈최후의 만찬〉과 〈모나리자〉 등 걸작을 남겼어요. 미술 말고도 음악과 회화, 식물, 지리, 과학, 수학, 공학 등에도 뛰어난 재능을 보인 천재적인 사람이었어요. 굴삭기, 투석기, 자전거, 잠수함, 낙하산, 대포, 전차 등도 고안해냈어요. 16세기 초에는 새를 관찰해 공기역학의 원리를 터득했어요. 직접 새를 잡아 날개 구조를 연구했답니다. 새 말고도 곤충 등 날아다니는 생물체를 관찰했다고 해요.

비행기와 헬리콥터를 구상했어요

헬리콥터는 당시에 물을 끌어올리는 나선형 기계에서 영감을 얻었어요. 나선형의 회전력을 하늘로 향하면 날 수 있지 않을까 하는 생각을 가지고 나선형 날개를 가진 비행체를 고안했어요. 실험까지 했지만 날지는 못했다고 하는데, 이 기구가 바로 헬리콥터의 시초예요.

글라이더도 레오나르도 다 빈치의 생각에서 나왔어요. 마치 박쥐의 날개처럼 생긴 커다란 날개를 이용해 하늘을 나는 기구예요. 물갈퀴 모양의 날개는 판지에 그물을 엮어 만들고, 골조는 속이 빈 관을 사용했어요. 날갯죽지에는 지레를 설치했어요. 사람이 지레를 이용해 퍼덕이면 하늘을 날 수 있다고 생각했어요. 헬리콥터와 마찬가지로 실제로 날지는 못했답니다.

비행기에 대한 아이디어는 시대를 앞섰어요

레오나르도 다 빈치의 비행기에 대한 아이디어는 실제로 실현되지는 않았어요. 하늘을 나는 데는 실패했지만 원리가 잘못되지는 않았어요. 만약에 동력이 충분했다면 날아올랐을 거라고 해요. 시대를 너무 앞섰기 때문에 그것을 실현할 환경과 기술이 따라오지 못한 거죠.

레오나르도 다 빈치는 지금으로부터 500년 전에 비행기 원리를 생각했어요. 비행기의 발명으로 이어지지는 않았지만 요즘 시대 비행기의 시초가 됐답니다. 이탈리아에 가면 레오나르도 다 빈치 공항이 있어요. 그가 비행기를 만들지는 않았지만, 그가 원리를 다진 비행기가 그의 이름을 딴 공항에서 뜨고 내린답니다.

레오나르도 다 빈치
탄생 540주년 기념우표
© neftali / Shutterstock.com

하늘에도 길이 있어요

 ### 이동 수단에는 길이 있어야 해요

비행기는 넓은 하늘을 마음대로 날아다니는 것 같지만 결코 그렇지 않아요. 오히려 도로 위를 달리는 자동차보다 엄격하게 항로를 지켜요. 비행기는 속도가 아주 빠르기 때문에 항로가 조금만 틀어져도 목적지로 가는 길에서 많이 벗어나게 돼요. 다른 비행기와 부딪혀 사고가 날 위험도 커지고, 목적지와는 다른 엉뚱한 곳으로 가는 일이 생길 수 있어요. 비행기가 많이 다니는 복잡한 공항 주변 하늘에서는 항로를 정확히 지켜야 사고를 막을 수 있답니다.

 ### 하늘의 고속도로, 항로

인터넷에서는 실시간으로 전 세계 비행기의 위치를 보여주는 프로그램이 있어요. 그 프로그램을 이용하면 아주 많은 비행기가 빽빽하게 하늘에 떠다니는 모습

을 볼 수 있죠. 수많은 비행기가 어떻게 부딪히지도 않고 목적지를 향해 날아갈까요?

하늘에는 눈에 보이지 않지만 위도와 경도로 이루어진 좌표가 있어요. 이 좌표는 항공 관련 국제기구와 각 나라의 항공 관련 기관들이 함께 정해요. 그 좌표는 수도 없이 많아요. 도로로 치면 두 길이 교차하는 교차로라고 할 수 있어요. 이 좌표들을 연결하면 항로가 돼요. 항로는 하늘의 고속도로라고 할 수 있어요. 각 항로마다 고유한 이름이 있어요. 비행기가 목적지로 갈 때에는 이 항로를 입력해서 길을 찾아가는 거예요.

 관성항법장치와 GPS

관성항법장치는 출발한 곳에서부터 방향이 어떻게 되고 어느 거리에 있는지를 계산하는 장비예요. GPS(Global Position System, 전 지구 위치 파악 시스템)는 인공위성으로부터 신호를 받아 위치를 파악하는 장치예요. 자동차에 달린 내비게이션도 GPS를 이용해 위치를 파악하고 길을 찾는답니다.

비행기의 위치를 어떻게 알까요?

비행기가 다니는 길은 도로와는 달리 일정한 높이를 가지고 있어요. 눈에 보이지 않는 사각형 상자 모양의 터널이 있는 셈이죠. 비행기가 떠다니는 높이를 달리해서 층층이 다니도록 하기도 해요. 이렇게 정해진 길을 다니려면 비행기의 위치를 정확히 알아야 해요. 여기서는 GPS와 관성항법장치가 큰 활약을 해요.

요즘 비행기는 기계가 자동으로 길을 찾아주지만 예전에는 그렇지 않았어요. 지금도 작은 비행기는 조종사의 시야에 의존해서 날아다니기도 해요. 비행기가 하늘에서 고장이 났거나 사고를 당했을 때는 조종사가 수동으로 조종하기도 해요. 사람의 시야는 한계가 있어요. 밤에는 주변을 볼 수 없고, 날씨가 좋지 않아서 앞이 보이지 않는 경우도 많아요. 비행기의 위치 관련 장치는 조종사의 시야를 대신한다고 할 수 있어요. 비행기 기술은 이제 스스로 길을 찾아서 날아갈 정도로 발달했어요.

© RUI FERREIRA / Shutterstock.com

하늘 위의 집무실, 대통령 전용기

에어포스 원
© Ververidis Vasilis / Shutterstock.com

 대통령 전용기는 특별해요

대통령이 해외로 나갈 때에는 수행원이 많이 따라붙어요. 비행기 안에서 일도 하기 때문에 대부분 중대형 비행기를 전용기로 쓰죠. 일반 비행기와는 다르게 내부를 개조한답니다. 실내는 침실·집무실·화장실 등으로 구성된 대통령 전용 공간이 있고, 회의실, 수행원석, 기자석 등으로 이뤄져요.

지상과 떨어져서 공중에 오랜 시간 떠 있는 특수한 상황이기 때문에, 통신망도 이중 삼중으로 갖추고 공중 납치에 대비하는 등 신경 써야 할 부분이 많아요. 미사일 경보 장치와 적외선 교란 장치 등을 추가로 설치하기도 해요.

 **우리나라 최초의 대통령 전용기**
6·25한국전쟁 기간 중에 이승만 대통령이 이용했던 C-47 스카이트레인이에요.

 **우리나라 대통령 전용기는 빌린 거예요**

현재 우리나라 대통령 전용기는 보잉 747-400기예요. 공식 명칭은 대한민국 공군 1호기예요. 전용기는 인천공항이 아니라 공군 비

행장인 서울공항에서 뜨고 내려요.

우리나라 대통령 전용기의 외부에는 대한민국이라는 나라 이름을 한글과 영어로 적고, 꼬리 날개에는 태극기를 그려요. 하얀색 기체에 태극 문양을 상징하는 파란색과 빨간색 띠를 둘러 백의민족과 국운 상승을 표현한다고 해요. 승무원은 일반 비행기와 마찬가지로 18명 정도가 탑승해요. 조종사와 스튜어디스, 정비사는 서비스를 제공하는 대한항공에서 가장 우수한 인재들을 선발한다고 해요.

우리나라 대통령 전용기는 2010년부터 2020년까지 10년 동안 대항항공으로부터 빌린 거예요. 그전에는 대통령이 해외에 나갈 때마다 대한항공과 아시아나 항공 비행기를 번갈아 탔어요. 전용기를 따로 두지 않고 일반 노선에 다니는 비행기를 임시로 빼내서 그때그때 개조했어요. 한 번 뜰 때마다 빌리는 비용이 10억 원이 넘는다고 해요.

미국 대통령의 비행기는 에어포스 원이에요

세계 최강대국의 대통령 전용기인 만큼 최고 시설로 만들어요. 에어포스 원은 '하늘을 나는 백악관'이라고도 하는데 백악관에서와 마찬가지로 대통령의 통제 권한을 다 실행할 수 있는 시스템을 갖췄답니다. 이동하는 동안 업무 공백을 피하기 위해서지만, 위험한 상황이 발생하면 공중에서 지휘하기 위한 목적도 있어요. 2001년 9·11테러가 발생했을 때, 조지 부시 대통령은 에어포스 원을 타고 대피하고 공중에서 지휘했다고 해요.

에어포스 원에서 내리는 버락 오바마 전 대통령
© 1000 Words / Shutterstock.com

에어포스 원은 보잉사의 747-200 기종인데 2대를 운영해요. 미사일 충격을 견디는 방탄 처리를 했고, 핵폭탄이 터지는 환경에서도 견딜 수 있다고 해요. 간이 수술 시설도 있고, 추락해도 탑승객이 살아날 수 있도록 튼튼하게 만들어졌어요. 공중 위에 오래 떠 있을 수 있도록 추가 연료 공간이 있고, 공중 급유를 할 수도 있어서 1주일 이상 날아다닐 수 있다고 해요.

우리나라 대통령 전용기
© Senohrabek / Shutterstock.com

비행기를 자가용처럼 타는 유명인

봄바르디어 BD-700
© Philip Pilosian / Shutterstock.com

 자기만 전용으로 쓰는 비행기를 자가용 비행기라고 해요

재산이 많은 부자나 기업가, 유명인 중에는 자기만의 비행기를 가진 사람이 많아요. 비행기는 크기가 커서 마당이 넓어도 세울 곳을 만들기가 쉽지 않아요. 세울 공간이 있다고 해도 활주로가 없으면 뜨고 내릴 수 없죠. 그래서 이런 사람들은 대부분 집 근처 공항에 비행기를 세워두고 공항 활주로를 이용해요.

이들이 자가용 비행기를 이용하는 이유는 편하기 때문이에요. 비행기를 타면 시간을 절약하고 피로가 덜해요. 일반 비행기의 일정에 맞추기 어려울 때도 이용할 수 있어요. 외부에 노출되는 일이 적기 때문에 사생활도 보호되지요. 물론 취미로 직접 자가용 비행기를 몰기도 한답니다.

유명인사들의 비행기

세계 1위 부자로 꼽히는 빌 게이츠는 봄바르디어 BD-700 기종을 타요. 아내인 멜린다 게이츠가 운영하는 자선단체 일을 하러 갈 때 주로 탄다고 해요. 미국 대통령이 된 도널드 트럼프는 민간 항공기로 쓰이는 보잉 757을 가지고 있어요. 사우디아라비아의 왕자 알왈리드 빈 탈랄은 민간 항공기 중에서 가장 큰 에어버스의 A380을 타고 다녀요. 취향에 맞게 내부를 금으로 장식했다고 해요. 재산 중에 현금만 22조 원이라고 하니 4,800억 원 하는 A380 한 대 정도는 쉽게 살 수 있겠죠.

스페인 프로축구 레알마드리드 팀의 유명 선수인 호날두는 걸프스트림 G200 기종을 가지고 있어요. 비행기 가격만 220억 원이에요. 영화배우 안젤리나 졸리와 리어나도 디캐프리오는 봄바르디어 글로벌 8000 기종을 타요. 청룽성룡은 300억 원짜리 엠브라에르 650 기종을 타요. 비행기에 중국 국기와 자신의 로고를 새겨 넣어서 한눈에 청룽의 비행기인지 알아볼 수 있답니다.

특별히 비행기에 애정이 많은 유명인들

배우 톰 크루즈는 비행기 조종사 자격증을 갖춘 어엿한 조종사예요. 450억 원짜리 걸프스트림 G450 기종을 가지고 있어요. 우리나라에 홍보차 방문했을 때에도 자가용 비행기를 타고 왔어요. 종종 본인이 직접 비행기를 몰기도 한답니다.

배우 해리슨 포드도 7~8대에 이르는 비행기와 헬리콥터를 가지고 있어요. 해리슨 포드는 〈에어포스 원〉이라는 비행기 영화에서 주인공인 미국 대통령 역을 맡기도 했지요.

활주로가 있는 영화배우 존 트라볼타의 집은 작은 공항이나 다름없어요. 그는 조종사 자격증이 있어서 직접 조종을 하고, 보잉 707 같은 여객기도 몰 수 있다고 해요. 보잉 707과 727, 걸프스트림 3대 등 여러 대의 비행기를 갖고 있답니다.

걸프스트림 G450
© Andrey Khachatryan / Shutterstock.com

도널드 트럼프의 보잉 757
© Ivan Cholakov / Shutterstock.com

비행기는 무거운데 어떻게 하늘에 뜰까요?

 ### 기본 자중

대형 비행기 중에 가장 널리 쓰이는 보잉 747-400의 경우 자체 무게는 170톤 정도예요. 여기에 구명조끼 등 긴급 장비와 항공일지 등과 같은 표준 운항장비 무게를 더하면 기본 자중이 나오는데, 173톤 정도 된다고 해요.

 ### 표준 운항 중량

기본 자중에 승무원 무게, 승무원의 수하물, 서비스 용품, 식료품 등 무게를 더한 무게예요. 표준 운항 중량은 노선에 따라 달라져요. 우리나라에서 미국 로스앤젤레스까지 갈 때에는 기본 자중에서 10톤 정도 늘어나요.

🚁 유상 탑재량

승객과 화물을 모두 합친 무게를 말해요. 유상 탑재량은 비행기마다 정해진 허용 탑재량에 따라 정해져요. 우리나라에서 미국에 가는 경우 대략 50톤이 넘는다고 해요. 연료의 무게도 무시할 수 없어요. 우리나라에서 로스앤젤레스까지 가는 장거리 노선은 보잉 747-400 기종에 필요한 연료만 130톤에 이른답니다.

> **🎈 비행기는 무게 균형이 잘 맞아야 해요**
>
> 짐을 실을 때에나 승객의 자리를 배치할 때 무게 균형을 고려해서 위치를 정해요. 승무원이나 연료, 기내식, 기내 용품들도 철저한 계산을 거쳐서 위치를 정해요. 균형을 맞추기 어려울 때에는 균형 조절용 텅스텐 추를 실어서 균형을 맞춰요.

✈️ 최대 이륙 중량

비행기는 엔진의 힘이 받쳐주는 무게를 넘어가면 날 수 없어요. 이를 최대 이륙 중량이라고 하는데 보잉 747-400은 이 무게가 388톤이라고 해요. 747-400보다 큰 에어버스의 A380은 최대 이륙 중량이 590톤이나 된답니다.

공기 저항을 줄이도록 설계했어요

연료 소모량은 무게에 영향을 많이 받아요. 그래서 무게를 줄이고 공기 저항을 덜 받도록 설계해서 연료 소모량을 줄여요. 비행기에 칠해진 페인트만 벗겨내도 수백kg이 줄고, 식기와 기내식 서비스용 카트도 플라스틱으로 바꾼 곳도 있어요.

기내에 실리는 잡지도 크기를 줄일 뿐만 아니라 가벼운 종이로 제작하고 두 자리에 하나씩 놓기도 해요. 서비스로 나눠주던 신문을 없앤 곳도 있어요. 어떤 항공사는 몸무게가 가벼운 여성만 승무원으로 채용하기도 해요. 요즘에는 승객의 이용 패턴을 분석해 필요한 양만 채운다고 해요. 이렇게 줄이는 무게만 수십~수백kg에 달해요. 한 항공사가 1년에 운행하는 비행기 편수는 수만 회에 이르러요. 한 편당 100kg씩만 줄여도 그로 인한 연료 절감액이 수억~수십억 원에 이른답니다.

하늘과 땅 차이의 비행기 가격

세계에서 가장 크고 비싼 여객기, 에어버스 A380
ⓒ Andrey Khachatryan / Shutterstock.com

 진짜 부자여야 비행기를 살 수 있어요

세계에서 이름 있는 부자들은 좋은 차를 많이 가지고 있어요. 몇억 원 하는 자동차를 수십 대씩 가지고 있고, 수백 대를 수집한 부자도 있답니다.

어떤 사람이 진짜 부자인지는 자동차가 아니라 비행기를 가지고 있는지를 보면 알 수 있어요. 자동차는 페라리나 람보르기니 같은 스포츠카도 3~5억 원이에요. 세계에서 가장 좋은 차라는 롤스로이스도 비싼 모델이 10억 원이 채 되지 않아요. 특별 제작한 스포츠카라고 해도 10~20억 원 정도랍니다. 물론 이 정도도 엄청나게 비싼 거지만 비행기는 그 규모가 달라요.

작은 경비행기는 수천만 원에서 수억 원 정도이지만, 큰 비행기는 수백억 원이 넘어가요. 전투기는 수백억 원에서 수천억 원을 오가고, 조 단위를 넘어가기도 해요. 전투기는 개인이 소유할 수 없지만, 민간 항공기는 일반인도 살 수 있어요. 커다란 항공기를 가지고 있다면 십중팔구 부자 중의 부자가 틀림없어요.

1,000만 원짜리 경비행기와 4,800억 원의 대형 항공기

경비행기는 싼 것은 1,000만 원대인 제품도 있고, 보통 1억 원 이하예요. 3,000만 원 정도면 쓸 만한 경비행기를 구할 수 있어요. 경비행기 중에서도 좋은 것은 2~3억 원 정도예요.

민간 비행기로 가면 가격이 급격하게 올라가요. 대형 비행기 중에서 가장 많이 팔린 보잉 747기의 평균 가격은 3억 8,000만 달러예요. 우리 돈으로 4,200억 원이나 해요. 보잉 747기의 경쟁 상대인 에어버스사의 A380은 747기보다 크기가 큰 만큼 가격도 비싸요. 1대 가격이 우리 돈으로 4,800억 원이에요. 이들보다 작은 비행기들도 가격이 2,000~3,000억 원대랍니다.

항공사들은 규모를 키우기 위해 비행기 대수를 늘리거나, 노후한 비행기를 교체할 때 적게는 몇 대에서 많게는 수십 대의 비행기를 산답니다. 2016년에는 이란의 한 항공사가 보잉사로부터 80대의 비행기를 산다고 해서 관심을 끌었어요. 금액만 19조 5,000억 원에 이른답니다.

A380 조종석

첨단 기술이 들어가면서 더 비싸져요

전자 장비가 많아지면서 비행기 가격도 비싸지고 있어요. 비행기는 기계이지만 그 안에는 기능을 통제하는 소프트웨어가 많이 들어가요. 보잉 747에 들어가는 소프트웨어의 라인 코드 수는 800만이 넘어간다고 해요. 항공기 가격에서 기체가 차지하는 비중은 30~40%라고 해요. 엔진은 30% 정도래요. 나머지 30~40%는 소프트웨어 가격이지요. 값비싸고 거대한 컴퓨터가 날아다닌다고 보면 돼요.

대형 항공기도 비싸지만 전투기로 넘어가면 가격은 상상을 초월하는 수준으로 높아진답니다. 보통 전투기들은 싼 기종이라고 해도 수백억 원대예요.

비행기에는 몇 명이 탈 수 있을까요?

 일반석만 배치하면 더 많이 탈 수 있어요

1명만 탈 수 있는 작은 자가용 비행기부터 수백 명이 타는 대형 항공기까지 비행기의 종류는 많아요. 상업 운항을 하는 비행기는 적게는 20~30명, 많게는 500명이 넘게 타기도 해요.

보잉사가 만든 747 기종은 대형 항공기 중에서 가장 많이 타는 비행기예요. 크기가 커서 '점보기'라는 애칭으로 부르기도 해요. 747-400 기종은 일등석·비즈니스석·일반석 구성일 때에는 416명이 탈 수 있고, 비즈니스석·일반석 구성은 524명, 일반석만 배치하면 660명이 탈 수 있어요. 45인승 버스 15대 분량이에요.

보잉사와 경쟁 관계인 에어버스사는 보잉 747 기종보다 더 큰 비행기인 A380을 만들었어요. 747은 앞쪽 일부분만 2층인 구조인데 A380은 기체 전체가 2층이에요. 크고 화려해서 '하늘을 나는 호텔'이라고 불리는 비행기예요. 일등석·비즈니스석·일반석 구성일 때에는 525명이 탈 수 있고, 일반석만 배치하면 853명이 탈 수 있어요. 45인승 버스 19대 분량이에요.

> **비행기에 사람을 많이 태워야 하는 이유**
>
> 비행기는 가격도 비싸고 운항할 때도 비용이 많이 들어요. 비행기 표 가격을 적절하게 유지하기 위해서라도 많은 사람을 태워야 해요.

사람 많이 타기 자동차 대회

기네스북에는 소형차에 20명이, 재규어 대형 세단에는 42명이 탔다는 기록이 남아 있어요. 영국에서는 정원 56명인 스쿨버스에 354명이 탔다고 해요. 4~5명이 타는 자동차 공간에도 20명이 넘게 들어갈 수는 있지만 안전 때문에 그렇게 타지는 않아요.

 같은 기종이라도 항공사마다 좌석 수가 달라요

대형 비행기에 탈 수 있는 인원은 많지만 항공사들은 좌석을 최대 인원에 꽉 채워서 배치하지 않아요. 전략에 따라서 좌석 배치를 달리한답니다. 660명까지 탈 수 있는 747-400 기종은 보통 400석 이하로 구성해요. A380도 500석 정도로 운영해요.

대한항공이 운영하는 A380은 2층 전체를 비즈니스석으로 만들어서 94명이 타요. 1층에는 일등석 12석과 일반석 293석을 배치해서 전체로는 399명이에요. 아시아나 항공은 같은 비행기에 495명을 태운답니다.

대형 비행기는 한 번에 많은 인원을 실어 나를 수 있지만 단점도 있어요. 비행기에 이상이 생겨서 승객들이 다른 비행기로 갈아타야 하는 경우에 많은 인원을 실어 나를 대체 항공기를 마련하기가 쉽지 않답니다.

현재 운항 중인 비행기 중에 가장 큰 비행기는 러시아 안토노프사에서 만든 AN-225기예요. 크기는 크지만 수송용 비행기이기 때문에 탑승 인원은 승무원 6명이 전부랍니다.

일반석
ⓒ PinkBlue / Shutterstock.com

A380의 일등석
ⓒ Sergey Kohl / Shutterstock.com

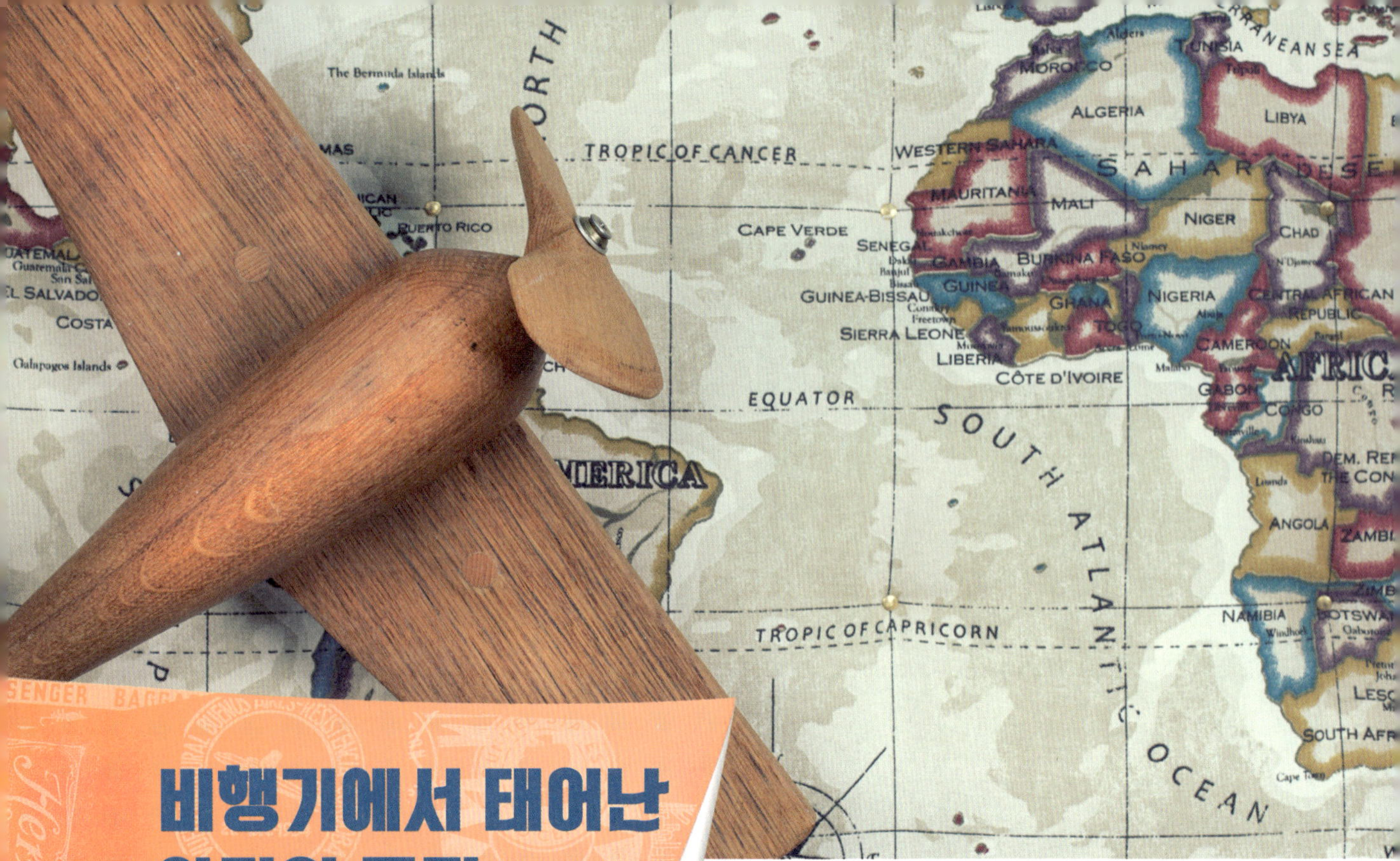

비행기에서 태어난 아기의 국적

✈️ 비행기는 작은 나라

하늘을 날아가는 동안 비행기 안에서 모든 생활이 이루어지고, 어떤 곳의 간섭도 받지 않아요. 비행기 안에서 먹고 자고 영화도 보고 물건도 사고 지상에서와 비슷한 생활을 하죠. 많게는 500명 넘는 사람이 타는데 기장이 대통령이고 승무원은 공무원, 승객은 국민인 셈이에요.

승무원은 만능이에요

비행기에는 경찰이나 의사가 따로 탑승하지는 않아요. 승무원들이 기본 훈련을 받고 위급 상황에 대처한답니다. 테러 위험이 높은 노선에는 항공보안관이 따로 타기도 해요.

응급 상황이 발생하면 승무원들이 조치를 취하고, 정도가 심하면 승객 중에 의료 관련 분야 종사자에게 도움을 요청해요. 뉴스에서는 비행기 안에서 위급한 병으로 쓰러진 사람이 마침 타고 있던 의사의 도움을 받아 목숨을 구했다는 소식을 종종 들을 수 있어요. 비행기 안에서 잘 해결되지 않으면 출발한 곳으로 다시 돌아가거나 날고 있는 근처 비행장에 임시로 내리기도 해요.

비행기에서 태어난 아기는 어느 나라 사람일까요?

> **속인주의와 속지주의**
>
> 흔히 출생이나 범죄가 일어났을 때 자국의 영토인지 아닌지에 관계없이 자국의 국민에게 법을 적용하는 것을 속인주의라고 해요. 우리나라는 외국에서 아기가 태어나도 속인주의 원칙에 따라 우리나라 국적을 주죠.
> 미국이나 캐나다 등은 국적보다는 영토, 즉 지역이 중요한 속지주의 원칙이에요. 부모의 국적과 상관없이 미국이나 캐나다 영토에서 태어나면 해당 나라의 국적을 받을 수 있답니다.
>
>

임신부는 보통 임신 32주약 8개월까지는 비행기를 탈 수 있고, 그 이상일 때는 의사의 의견을 얻으면 탈 수 있어요. 비행기에서 아이를 낳으면 지상에서보다 잘못될 가능성이 크기 때문에 타지 않는 게 좋다고 해요.

비행기는 각 나라 위를 날아가기 때문에 태어난 아기의 국적이 문제가 될 수 있어요. 국적은 부모 국적을 따르는 경우와 태어난 지역을 따르는 경우로 나눠져요. 나라마다 기준이 다르기 때문에 명확하게 정하기가 힘든 경우가 있어요.

부모 국적을 따르는 우리나라 사람이 비행기를 타고 미국으로 향하던 중 캐나다 상공에서 아기를 낳으면 어떻게 될까요? 미국과 캐나다는 태어난 지역을 따르는 곳이에요. 캐나다 상공이라면 캐나다 영토이기 때문에 아기는 캐나다 국적이 될 수 있어요. 그런데 국제선 비행기는 타는 순간 비행기 안을 목적지 영토로 여긴다고 해요. 미국행 비행기 안은 미국 땅인 거죠. 그래서 이 아기는 미국 국적이라고 판단하기도 해요. 우리나라 사람이기 때문에 부모를 따라 우리나라 국적이기도 하고요. 해석하기에 따라 한국과 캐나다 이중 국적 또는 미국 국적까지 포함해 삼중 국적까지 될 수 있어요.

비행 중에 문이 열릴 확률은 거의 없어요

높은 하늘은 땅과 산소와 온도 조건이 달라요

영화 속에서는 비행기 문이 갑자기 열리는 바람에 안전벨트를 매지 않은 사람들은 비행기 문 밖으로 빨려 나가는 모습이 나와요. 자리에 앉아 있는 사람들도 고통에 겨워 소리를 지르곤 하죠. 영화 속 이런 장면은 반은 맞고 반은 틀려요.

비행기는 높은 하늘을 날아가요. 항공기는 보통 8,000~1만 3,000m 상공을 날죠. 에베레스트 산 정상보다 높은 곳을 날고 있는 거예요. 높이 올라갈수록 공기가 줄어들기 때문에 공기가 누르는 힘인 기압도 낮아져요. 기압은 바다 표면해수면을 기준으로 삼아요. 바다 표면에서 5km 높은 곳은 기압이 2분의 1로 줄어들어요. 비행기가 날아가는 11km 높이에서는 기압이 해수면의 4분의 1이에요. 높은 곳은 공기가 희박하기 때문에 산소도 부족하죠.

높이 올라가면 온도도 낮아져요. 보통 100m 높아질 때마다 섭씨 0.5도씩 낮아져요. 10km 상공은 영하 50도까지 내려가요. 이렇게 기압이 낮고 산소가 부족하고 온도가 낮은 상황에서는 사람이 살 수 없답니다.

비행기는 실내를 지상과 같은 환경을 만들기 위해 기압과 산소 양과 온도를 조절하는 장치를 갖춰요. 비행기 안에만 있으면 높은 곳을 날아도 지상에 있을 때와 별 차이가 없답니다.

비행기 안은 기압이 높아요

공기는 기압이 높은 곳에서 낮은 곳으로 흘러요. 비행 중인 비행기의 문이 열린다면 기압이 높은 실내에서 기압이 낮은 바깥으로 공기가 빠져 나가죠. 안전벨트를 매지 않고 문 근처에 있다면 밖으로 빨려 나갈 수 있어요. 물건들도 밖으로 빨려 나가죠. 실내 기압이 낮아지고 산소가 부족해지기 때문에 승객들은 의식을 잃게 돼요. 산소호흡기를 착용한다고 해도 온도가 떨어지기 때문에 얼어 죽을 수 있어요.

하지만 걱정할 필요는 없어요. 문이 열리면 위험한 상황에 빠지지만 비행기가 날아갈 때 문이 열릴 확률은 거의 없어요. 일부러 열려고 해도 열리지 않는답니다.

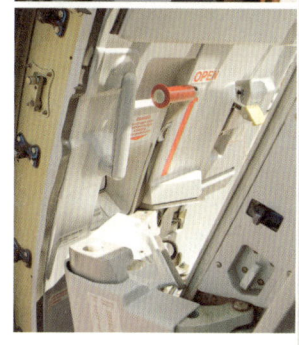

구조적으로 비행기 문을 열 수 없어요

물체의 압력은 높은 곳에서 낮은 곳으로 이동하려는 성질이 있어요. 비행기 실내는 바깥보다 압력이 높기 때문에 안쪽에서 바깥으로 큰 힘이 가해져요. 표면 $1cm^2$에 가해지는 압력이 4.5kg이나 돼요. 조그만 창문도 1톤의 힘을 받고 출입문은 20톤이 넘는 힘이 가해지죠.

비행기 문은 바깥쪽에서 안쪽으로 잡아당긴 뒤에 다시 밖으로 미는 구조로 되어 있어요. 압력 차이 때문에 안에서 바깥으로 강한 힘이 밀고 있기 때문에 사람의 힘으로 비행기 문을 안쪽으로 당기기는 불가능해요. 천하장사가 와도 열 수 없답니다.

비행기 안쪽과 바깥쪽이 기압이 같은 지상에서는 문을 열 수 있어요. 그런 경우에도 안전장치를 마련해서 열 수 없게 해놓았어요. 비행기가 이륙할 정도로 속도가 빨라지면 문 안쪽 잠금장치가 자동으로 내려와요. 이런 장치가 없다 하더라도 문이 열리면 조종석 계기판에 신호가 가기 때문에 위험한 상황이 발생하기 전에 조치를 취할 수 있답니다.

비행기에서도 인터넷이 돼요

 스마트폰 없이는 일상이 불편해요

손안의 컴퓨터라고 불리는 스마트폰으로 전화도 하고 문자도 보내고, 음악과 영화도 보고, 이메일도 확인하고, 사진도 찍죠. 그런데 비행기에서는 스마트폰을 쓰지 말라고 해요. 특히 이착륙할 때에는 아예 꺼야 해요. 비행기가 순항 고도에 올라가면 비행기 모드에 놓고 사용할 수 있어요.

비행기는 10시간 이상 타기도 해요. 긴 시간 동안 전화가 되지 않으면 답답해요. 가족이나 친구한테 연락도 하고 싶은데 할 수 없어요. 요즘에는 와이파이만 연결되면 스마트폰으로 메시지도 보내고 전화도 하고 인터넷도 할 수 있어요. 비행기에도 와이파이가 되면 참 좋을 거예요.

비행기에서도 인터넷을 이용할 수 있어요

항공사들도 승객들이 스마트폰을 사용할 수 있도록 비행기 안에서 와이파이 서비스를 제공한답니다. 와이파이 신호를 지상 기지국에서 인공위성으로 보내고, 비행기는 이 신호를 받아서 기내에 전송해요. 이미 2004년에 독일 항공사인 루프트한자가 이 서비스를 시작했다고 해요. 이후에 여러 항공사가 도입해서 서비스를 하고 있어요.

와이파이 시설을 설치하려면 비행기 한 대에 10~15억 원에 이르는 큰돈이 들어요. 사용료는 24시간에 1~2만 원 선이랍니다. 비행기에서 멋진 하늘 사진을 찍어서 친구한테 보내거나 메시지도 주고받을 수 있어요. 회사 업무로 출장을 가는 사람이라면 이메일을 확인하고, 비행기 안에서 보고서를 작성해서 회사로 보낼 수도 있어요.

휴대 전화로 통화는 할 수 없지만 위성통신 전화가 있어요

와이파이만 연결되면 인터넷 통화도 할 수 있어요. 그런데 비행기 안에서 통화는 하지 못하게 해요. 가능은 하지만 혹시라도 모를 통신 장애 때문에 차단한답니다. 그리고 와이파이를 이용한 다른 기능들도 비행기가 3,000m 상공에 올라간 다음에 쓸 수 있어요.

와이파이가 아닌 휴대 전화를 이용한 통화는 비행기가 높기 날기 때문에도 할 수 없어요. 기지국에서 보내는 신호는 보통 지상 1km 높이에서는 사라진답니다. 비행기는 그보다 높이 날기 때문에 전화기가 신호를 받을 수 없어요. 낮게 날아가는 국내선 노선에서는 간혹 신호가 잡혀서 통화가 가능한 경우도 있답니다.

이탈리아에서는 국내선 비행기가 납치됐는데, 승객들이 전화를 이용해 이 상황을 알렸다고도 해요. 이런 특별한 경우가 아니라면 비행기 안에서 휴대 전화 통화는 통신 장애를 일으킬 수 있기 때문에 하지 말아야 해요.

휴대 전화는 이용할 수 없지만 비행기 안에는 위성통신 전화가 있어요. 와이파이와 마찬가지로 지상과 비행기 사이에 신호를 위성이 전달하는 방식이에요. 비용을 지불하면 일반 전화 사용하듯이 전 세계 어디로든 전화를 걸 수 있답니다.

네메스 파라솔

역사상 가장 기괴했던 디자인의 비행기들

 원반형 비행기 네메스 파라솔

1934년에 개발된 네메스 파라솔은 날개가 원반형으로 생긴 비행기예요. 1930년대는 프로펠러기가 한창 발달하기 시작하던 때인데 그때까지 대다수였던 직선익이 싫증이 났을까요? 지금 보아도 과연 날 수 있을까 싶지만 놀랍게도 실제 비행에는 성공했어요. 물론 시험 비행으로 끝난 비행기가 되었죠. 날 수 있다는 점 빼고는 모조리 단점뿐이었으니까요.

 **쌍둥이 비행기 F-82 트윈 머스탱**

제2차 세계대전이 한창이던 1940년대 초반 미국의 노스아메리칸이 만든 P-51 머스탱이라는 프로펠러 전투기가 있었어요. P-51은 그 당시 등장했던 모든 프로펠러기보다 성능이 월등하게 좋았고, 이제 막 등장하기 시작한 제트 전투기보다 성능이 뛰어났어요. 이렇게 성능 좋은 P-51 2대를 합치면 성능이 2배가 되지 않을까 하는

생각에서 P-51, 2대를 나란히 붙이게 되었지요. 그래서 이름도 쌍둥이를 뜻하는 트윈 머스탱이 되었어요. 트윈 머스탱은 제2차 세계대전이 끝날 무렵인 1945년 6월에 등장해서 전쟁에서는 거의 활약하지 못했지만 놀랍게도 6·25 한국전쟁에는 참전했대요.

벨루가
© Craig Russell / Shutterstock.com

F-82 트윈 머스탱

돌고래처럼 생긴 벨루가

벨루가는 마치 여객기 사진을 합성해서 머리 부분을 우스꽝스럽게 부풀어 오르게 만든 것처럼 보여요. 하지만 벨루가는 실제 존재하는 비행기이고 지금도 왕성하게 활동 중인 화물기랍니다. 벨루가라는 이름도 북극해에 살고 있는 흰 돌고래 이름이랍니다.

유럽의 여러 국가가 비행기를 나누어 만드는 에어버스는 커다란 여객기 부품을 비행기로 자주 실어 날라야 해요. 그런데 A330, A340, A380 등 에어버스가 거대한 여객기를 만들기 시작하자 기존의 화물기로는 이들의 큰 부품들을 수송할 수가 없게 되었어요. 그래서 에어버스 최초의 쌍발 여객기인 A300의 동체 윗부분을 풍선처럼 크게 부풀어 오르게 만들었지요. 덕분에 A300은 오래전에 새로운 비행기들로 대체되어 사라졌지만 벨루가는 지금도 활동 중이에요.

수직으로 날아오르는 컨베어 XFY-1

제트기를 활주로 없이 수직으로 이륙과 착륙을 시키는 것은 비행기 디자이너의 오랜 꿈이었죠. 지금은 해리어와 F-35B에 의해 실현된 꿈이지만 이들이 등장하기까지 참으로 많은 시행착오를 겪어야 했어요. 적용되어야 하는 기술이 너무 복잡해지니 조금은 단순한 발상으로 돌아가 설계한 것이 바로 1954년 미국의 컨베어가 개발한 XFY-1이에요. 애초에 이륙과 착륙을 수직 방향으로 세워서 하면 어떨까 하는 생각에서 개발된 비행기죠. 물론 장점보다 단점이 많아 실험기로 끝나버렸지요.

컨베어 XFY-1

비행을 기념할 때 소방차가 비행기에 물을 뿌려요

 탯줄 자르기에서 유래한 행사예요

새로 만든 배가 물 위에 떠 있어요. 배는 밧줄로 지상과 연결돼 있고, 금도끼를 든 여성이 밧줄을 내리쳐 끊으면 뱃고동 소리가 울리며 주변에 있던 사람들이 환호성을 질러요. 폭죽이 터지면서 흥겨운 분위기를 더욱 고조시켜요. 새로 만든 배를 처음 바다로 띄워 보내는 진수식 장면이에요. 건물을 다 지었을 때에도 색색 테이프를 가위로 자르곤 해요. 이런 행사는 아기가 태어날 때 어머니와 아기 사이에 연결된 탯줄을 자르는 데서 유래했다고 해요.

 **처음과 마지막 비행 때 등장하는 물 아치**

뭔가 처음 시작할 때에는 세리머니라고 부르는 기념하는 행동을 해요. 비행기도 첫 비행을 할 때에는 세리머니를 한답니다. 보통 첫 비행을 시작하고 도착할 때 소방차가 물을 뿌려요. 두 대가 양쪽에 서서 아치 모양으로 물을 뿌리면 그 사이를 비행기가 통과해요. 둥그런 반원 형태인 아치는 기념의 의미를 지니고 있어요. 군대 행사에서는 군인들이 양쪽에서 칼을 들고 가운데로 향해 아치를 만들기도 하고, 결혼식장에서는 꽃으로 아치를 장식하기도

해요. 비행기는 물로 아치를 만든답니다.

비행기는 크기가 커서 구조물을 만들어서 축하하기가 힘들어요. 그래서 소방차가 물을 뿌리는 식으로 기념을 한답니다. 첫 비행뿐만 아니라 마지막 비행 때도 물 아치가 등장해요. 초음속 여객기 콩코드는 뉴욕 JFK 공항에서 마지막 비행을 마쳤어요. 이때에는 파란색, 빨간색, 하얀색 물 아치를 사용했어요. 콩코드기가 프랑스 비행기이기 때문에 프랑스 국기 색을 사용한 거예요. 물 아치는 비행기 말고도 배에서도 사용해요. 먼바다를 돌아오는 요트 경기의 결승점에서는 소방선이 대기하고 있다가 1등으로 들어오는 요트 위로 물 아치를 만든답니다.

 비행기 세척 비용은 얼마일까요?

비행기에 물을 뿌리는 경우는 축하 말고도 있어요. 바로 세척할 때예요. 비행기도 자동차처럼 물을 뿌려서 닦아요. 다만 크기가 크기 때문에 사람과 장비가 더 필요해요. 물이 잘 빠지는 공간에서 물탱크 차가 와서 물을 뿌린 후에 세제로 닦고 다시 물을 뿌려 닦아내요. 겨울에는 세제와 물이 얼 수 있기 때문에 물을 사용하지 않고 왁스 등으로 닦는다고 해요.

엔진이나 착륙 장치 등 물이 닿지 말아야 하는 곳은 보호 장치를 해놓아요. 전투기의 경우도 물이 들어가면 안 되는 곳은 방수천으로 다 가리고 물을 뿌려요. 비행기는 자동차보다 많게는 수백 배 커요. 세차 규모도 차이가 크답니다. 대형 비행기인 보잉 747 기종은 세척 인원만 10명 가까이 된다고 해요. 세차용 차만 3대가 동원돼요. 7~8시간 동안 6,000L가 넘는 물을 사용하고 비용만 300만 원이 넘는다고 해요.

세척 중인 비행기

물 아치

© Dmitry Birin / shutterstock.com

수명이 다한 비행기는 어디로 가나요?

 ## 비행기의 공동묘지

수명이 다한 비행기는 폐기장으로 향해요. 워낙 많아서 비행기의 공동묘지라고 부를 정도예요. 지구상에는 비행기를 폐기하는 곳이 몇 군데 있어요. 그중에서도 미국 애리조나 사막에는 4,000대가 넘는 비행기가 모여 있어서 비행기의 공동묘지라고 불려요. 대부분은 군용기라고 해요. 이 밖에도 사막 여러 곳에 비행기 무덤이 있답니다. 이들 비행기가 전부 수명이 다한 비행기는 아니에요. 마땅히 필요가 없어진 비행기가 임시로 서 있기도 해요. 비행기 회사가 더 이상 운행할 형편이 되지 않거나, 새로운 비행기를 사서 헌 비행기가 필요하지 않은 경우 등이죠.

 코끼리 무덤

죽음을 앞둔 코끼리는 아무도 모르는 '코끼리 무덤'으로 가서 조용히 죽음을 맞이한다고 해요. 아프리카에서 코끼리 상아를 노리는 사냥꾼 사이에 퍼진 얘기예요. 사냥했다는 비난을 피하기 위해 무덤에서 주웠다는 식으로 거짓말을 하기 위해 지어낸 얘기라고 해요. 실제로 코끼리들은 동료 코끼리가 혼자 죽게 놔두지는 않는대요.

 ## 폐기하기 전에 재활용해요

비행기는 덩치가 크기 때문에 폐기물의 양도 엄청나게 많아요. 가장 널리 쓰이는 대형 비행기인 보잉 747은 무게가 180톤이나 돼요.

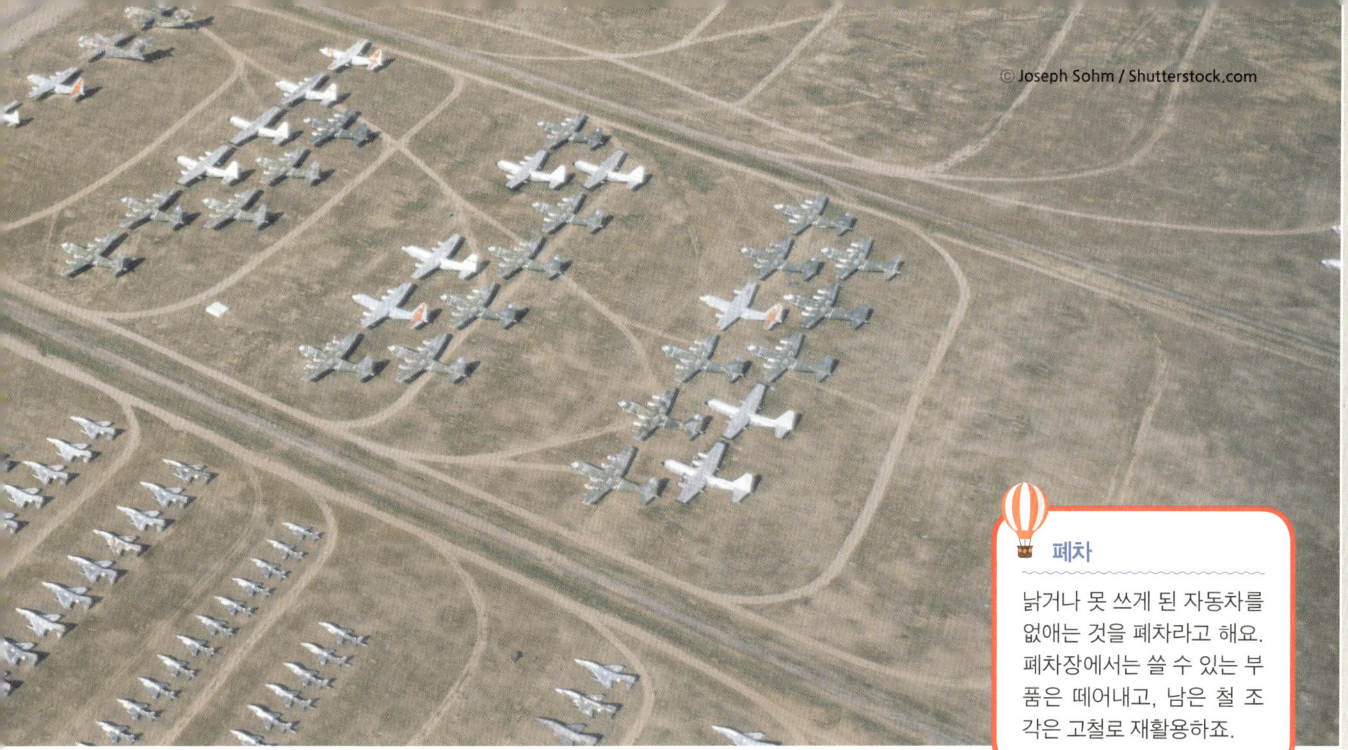

> **폐차**
>
> 낡거나 못 쓰게 된 자동차를 없애는 것을 폐차라고 해요. 폐차장에서는 쓸 수 있는 부품은 떼어내고, 남은 철 조각은 고철로 재활용하죠.

재활용하는 자재만 80~90%에 이른다고 해요. 동체를 이루는 알루미늄만 수십 톤이 나온답니다. 비행기는 수백만 개의 부품과 다양한 재료로 만들어지기 때문에 재활용할 수 있는 소재도 아주 많아요.

무덤이 아니라 휴식 공간이 되기도 해요

사막은 일반인이 접근하기 힘들기 때문에 비행기를 보관하기에 좋아요. 덩치 큰 비행기가 수백에서 수천 대까지 서 있으려면 장소도 넓어야 해요. 오랜 기간 서 있어야 하는 경우가 많기 때문에 부식이 되지 않아야 하고, 보관료도 싸야 하기 때문에 자연스레 사막에 모여들었다고 해요. 비행기가 이런 곳으로 오기 위해서는 직접 날아와야 해요. 그래서 이런 비행기 공동묘지는 활주로를 갖춘 일종의 공항이라고 할 수 있어요.

여기 세워진 비행기는 폐기돼서 재활용되기도 하고 새로운 주인을 맞이하기도 해요. 영세한 비행기 회사들은 이곳에 세워진 비행기를 인수해서 운항에 투입하기도 해요. 비행기 수명은 관리만 잘하면 30~40년이 넘기도 해요. 비행기 무덤으로 온 비행기 중에도 수명이 남은 비행기가 많답니다. 무덤이라고 부르지만 잠시 머물렀다 가는 휴식 공간이기도 해요.

못다 한 이야기 ⑦ 내 맘대로 운전하는 모형 비행기의 세계

✈ 실제와 모양이 같은 모형 비행기

모형 비행기는 플라스틱이나 금속으로 정교하게 만든 비행기예요. 그중에서 다이캐스트는 알루미늄이나 주석으로 형태를 만들고 페인트를 칠해 완성한 제품이에요. 손가락 크기부터 어른 몸체만 한 것까지 크기도 다양하답니다. 경비행기부터 민항기, 전투기, 헬리콥터까지 종류도 여러 가지예요.

모형 비행기는 스케일로 크기를 나타내요. 1:1000 모델은 실제 비행기의 1,000분의 1 크기를 말해요. 길이가 약 73m인 A380 기종이라면 7.3cm 크기로 줄어들죠. 이 밖에 1:500, 1:200, 1:48, 1:32, 1:24 등의 스케일이 있어요. 크기가 큰 것들은 가격도 아주 비싸요.

✈ 비행기가 아니라 장면이나 시설 모형도 있어요

디오라마는 어떤 장면이나 시설을 모형으로 만든 거예요. 산에서 전투가 벌어지는 장면을 만든 것도 디오라마의 일종이에요. 비행기와 터미널 등을 재현한 공항 디오라마도 모형 수집가들이 좋아해요.

레고 같은 조립 완구 중에도 비행기가 있어요. 레고사가 특별히 만든 A380 레고는 다 조립하면 길이가 어린이 키만 해요. 세계에서 가장 큰 레고 비행기라고 해요. 1:24 크기이고 무게는 100kg, 7만 5,000개의 조각으로 조립했답니다. 레고는 스타워즈 X-윙을 실물 크기로 만든 적도 있어요. 32명의 조립 전문가가 500만 개의 조각을 가지고 1만 7,000시간 동안 조립했대요.

공항 디오라마
© Nataliya Nazarova / Shutterstock.com

✈ RC 비행기는 모형과 달리 실제로 움직여요

RC(Radio Control, 무선 조종) 비행기는 전기 모터나 소형 엔진을 달아서 무선으로 조종해요. 크기도 다양해서 손바닥만큼 작은 비행기가 있는가 하면 경비행기만큼 큰 것은 진짜 비행기처럼 활주로에서 이륙해야 해요.

여객기처럼 꾸민 RC 비행기는 멀리서 보면 진짜 비행기처럼 보이기도 해요. 유튜브에서 화제가 된 보잉 747-400 버진 애틀랜틱 에어라이너 RC는 길이가 5.43m이고, 날개 길이는 4.95m에 이른답니다. 한때 기네스북에 오른 B-29 RC 비행기는 날개 폭만 8.9m에 이르러요. 무게는 210kg이고, 160cc 엔진 네 개를 이용해요.

✈ RC 비행기는 고급 기술을 쓰기도 해요

정밀한 RC 비행기는 제작하는 데 몇 년이 걸리기도 해요. 제트 엔진을 달아 시속 500km 이상으로 날아가게도 하고, 전투기에는 공중 투하가 가능한 모형 폭탄을 달기도 해요. 제작비만 수천만 원이 들기도 해요. RC 비행기를 취미로 하는 사람들은 경진대회에 나가기도 하고, 에어쇼처럼 전시회를 열기도 해요. 비록 수십~수천억 원 하는 비행기를 살 수는 없지만, 그에 못지않은 기쁨을 누린답니다.

비행기 다이캐스트 ⓒ Popartic / shutterstock.com

RC 비행기 ⓒ Vladislav Sinelnikov / shutterstock.com

8부
공항 이야기

8부는 공항 이야기예요. 비행기를 타기 위해 꼭 거쳐야 하는 공항에 관한 재미난 이야기를 전해준답니다. 주기장은 비행기가 출발 전에 승객을 싣기 위해 서 있는 곳, 또는 착륙 후에 활주로에서 유도되어온 비행기가 서 있는 곳을 말해요. 공항에서 가장 바쁜 곳이지요. 연료를 가득 채우고 사람과 짐을 태운 대형 비행기는 300~400톤에 이르기도 해요. 그래서 보통 활주로의 포장 두께는 1m가 넘어요. 서울에서 뉴욕까지 간다고 하면 약 18만 리터의 연료가 필요하고, 금액으로 따지면 1억 원이 넘어요.

공항의 구조

격납고

 ### 공항의 구분

외국을 오가는 비행기를 이용하는 국제선과, 국내만 다니는 국내선으로 나뉘어요. 군용기가 뜨고 내리는 군사 공항과 민간 비행기가 이용하는 민간 공항으로 구분하기도 해요.

 ### 공항은 어디에 세울까요?

우선 활주로를 놓을 수 있는 넓은 땅이 필요해요. 비행기가 내는 시끄러운 소리에 피해가 가지 않도록 사람들이 모여 사는 곳과도 떨어져 있어야 해요. 비행기는 뜨고 내릴 때 날씨의 영향을 많이 받기 때문에 날씨가 불안정해서도 안 돼요.
인천공항은 영종도 섬에 만들었어요. 바다 근처라 소음에 영향을 받지 않고, 서울 도심까지 1시간이면 갈 수 있는 거리에 있답니다.

 ### 공항에 꼭 있어야 할 활주로

국제선을 다니는 큰 비행기가 뜨고 내리려면 활주로 길이가 3~4km 정도는 돼

야 해요. 보통 활주로는 하나만 있고, 큰 공항이라고 해도 2~3개에 불과해요.

공항 근처에는 높은 건물이 없어야 해요. 활주로에 이착륙하는 비행기가 부딪힐 수 있기 때문이에요. 성남에는 공군 비행장이 있는데, 잠실에 100층짜리 롯데월드가 생기면서 충돌 위험을 예방하기 위해 활주로 방향을 3도 틀었어요.

활주로 다음으로 공항에 필요한 시설, 관제탑과 관제소

관제탑은 공항 전체를 잘 볼 수 있는 위치에 탑처럼 높이 솟아 있어요. 관제탑이 눈에 보이는 비행기를 통제한다면, 관제소는 관제탑에서 보이지 않는 영역에 있는 비행기의 이동을 책임져요.

공항에서 가장 바쁜 주기장

주기장

활주로에 내린 비행기는 승객들을 내리기 위해 터미널로 이동해야 해요. 이때 비행기가 다니는 길을 유도로라고 해요.

주기장은 비행기가 출발 전에 승객을 싣기 위해 서 있는 곳, 또는 착륙 후에 활주로에서 유도되어온 비행기가 서 있는 곳을 말해요. 특히 이륙 전에는 승객들이 탑승하고 연료와 짐을 가득 싣기 때문에 사람과 각종 지원 차량들이 분주하게 움직이고, 비행기도 가장 무거운 상태가 돼요. 무게를 견디도록 단단하게 만들어야 하고 주변이 기름 등으로 쉽게 더러워지기 때문에 보수나 청소도 쉬워야 해요. 주기장은 공항에서 돈이 가장 많이 들어가는 곳이라고 해요.

공항 터미널과 격납고

공항 터미널은 비행기를 타거나 내릴 때 모든 과정을 수속하고, 체크인 카운터부터 약국까지 그에 필요한 각종 편의 시설을 갖춘 건물을 말해요. 아래층은 도착하는 층이고, 위층은 출발하는 층으로 구성되는 등 전 세계 공항 터미널은 구조가 거의 비슷해요.

격납고는 비행기를 정비하고 수리하는 곳이에요.

런던 히드로 국제공항 터미널

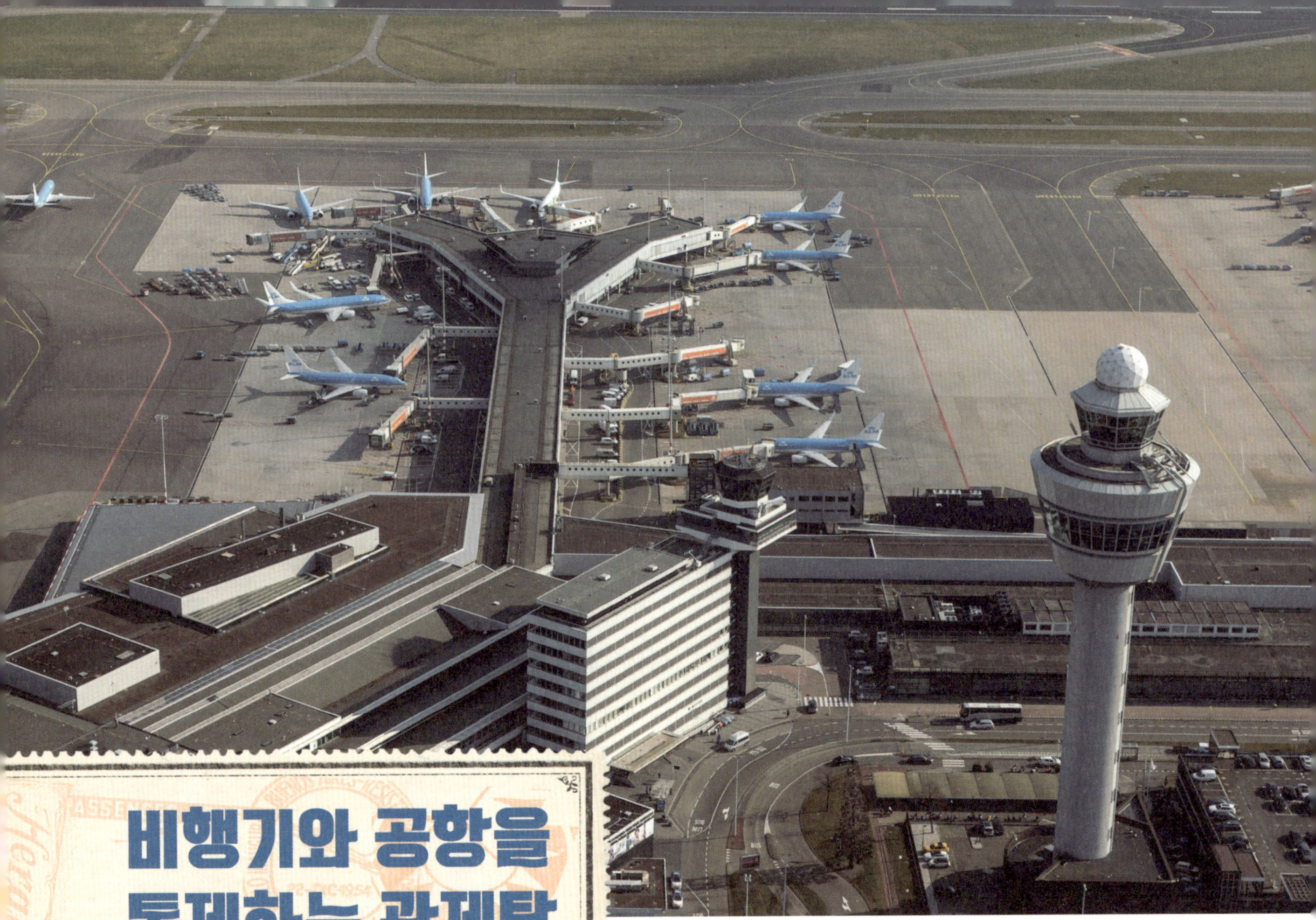

비행기와 공항을 통제하는 관제탑

암스테르담 국제공항 관제탑
ⓒ Aerovista Luchtfotografie / Shutterstock.com

관제탑의 역할과 의사소통은 정말 중요해요

비행기 역사상 가장 큰 사고 중 하나로 카나리아 제도 테네리페 섬에서 KLM기와 팬암기가 활주로에서 부딪힌 사고를 꼽아요. 테러 위협으로 라스팔마스 공항이 임시 폐쇄되면서 그곳을 이용하려던 비행기들은 발이 묶이고 착륙해야 하는 비행기들은 테네리페 섬 로스로데오 공항에 내렸어요. 지방의 작은 공항이었던 로스로데오 공항은 활주로도 1개이고, 레이더 시설도 없었다고 해요. 일요일이라 관제사도 2명밖에 없었지요. 복잡한 활주로 상황과 부족한 인원, 비행기와 관제소 간 명확하지 않은 의사소통 등 여러 원인으로 인해서 두 비행기는 활주로에서 충돌 사고를 일으켰어요. 이 사고로 결국 583명이 사망했어요.

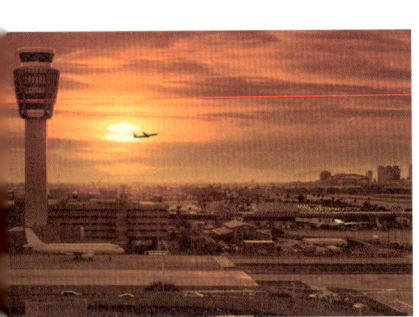

비행기가 안전하게 뜨고 내릴 수 있도록 하늘의 교통정리를 해요

수많은 비행기가 쉴 새 없이 뜨고 내리는데, 기장이 주변 상황을 파악하고 알아서 조종하기는 불가능해요. 누군가가 명령을 내려주고, 그에 따라야만 사고 없이 무사히 이착륙할 수 있지요. 비행기 2대가 서로를 향해 비행하고 있다면, 조종사 눈에 상대편 비행기가 들어왔을 때에는 이미 충돌을 피할 수가 없어요. 속도가 너무 빠르기 때문이에요. 관제탑에서 하는 가장 중요한 일 중 하나가 두 비행기 사이의 간격을 안전하게 벌려놓는 거예요.

공항에서 이동하고 대기하는 비행기 외에도 공항에는 사람과 자동차와 각종 운송 기구가 바쁘게 움직인답니다. 이들이 정확하고 안전하게 주어진 일을 할 수 있도록 하는 일도 관제탑에서 담당해요.

도로에 차가 많이 몰릴 때 교통경찰이 직접 교통정리를 하는 것처럼 공항에서도 통제하는 신호가 있지만 관제탑에서 사람이 직접 통제를 해요. 관제탑 시야 밖의 항공관제는 공항 인근이나 외부에 위치한 관제소에서 나눠서 담당해요.

공항에는 비행기가 하루에 몇 번이나 뜨고 내릴까요?

인천공항에 하루에 다니는 비행기는 1,000대가 넘어요. 1년이면 36만 대예요. 미국 애틀랜타 하츠필드 공항은 1년에 90만 대가 넘는 비행기가 다녀요. 시카고 오헤어 국제공항도 80만 대가 넘고, LA 공항도 70만 대를 웃돌아요. 활주로가 몇 개이냐에 따라 바쁜 정도가 달라지는데, 영국 런던의 히스로 공항은 활주로 하나에 1분 30초마다 비행기가 뜨고 내린다고 해요.

기장이나 관제사는 영어를 기본으로 해야 해요

요즘에는 비행기가 다니지 않는 나라를 찾기가 힘들 정도예요. 기장과 각 나라 관제탑이 쓰는 언어가 달라 서로 말을 못 알아듣거나 잘못 들으면 큰 사고가 발생할 수 있어요. 그래서 국제민간항공기구는 비행 공용어로 영어를 채택했어요.

관제사들은 지시 사항을 잘못 듣는 일을 줄이기 위해 표준 발음을 사용하는 교육을 받기도 해요. 기장은 관제사들이 내린 지시를 다시 한 번 말해서 서로 확인해요. 기장이 영어를 제대로 알아듣지 못해서 사고가 나거나 일어날 뻔한 일도 종종 생기기 때문이에요.

오헤어 국제공항 관제탑
ⓒ Greg K__ca / Shutterstock.com

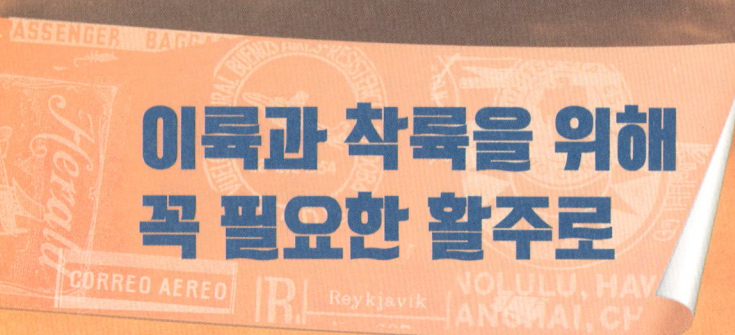
이륙과 착륙을 위해 꼭 필요한 활주로

비행기는 서 있는 자리에서 그대로 날 수 없어요

비행기가 날기 위해서는 땅에서 빠른 속도에 도달한 다음에 공중으로 떠올라야 해요. 이때에는 자동차와 마찬가지로 바퀴로 달리지요. 하늘을 날다가 땅에 내릴 때에도 갑자기 뚝 멈추는 게 아니에요. 공중에서 속도를 줄이다가 남은 속도를 땅에서 줄여야 해요. 이륙하고 착륙할 때 지상에서 바퀴로 달릴 수 있도록 하는 길을 활주로라고 불러요. 활주로가 없으면 비행기가 이륙과 착륙을 할 수 없기 때문에 공항에는 활주로가 꼭 있어야 해요. 보통 상업 공항은 활주로를 1~2개 정도 갖추고 있어요.

활주로의 조건

활주로는 어떤 비행기가 다니느냐에 따라서 길이가 달라져요. 활주로의 길이는 이륙할 때 거리, 착륙할 때 거리, 혹시라도 비행기가 고장으로 급하게 서야 할 때 필요한 거리 등을 고려해서 정해요.

활주로는 최소한 길이 245m, 폭은 8m 이상은 되어야 해요. 프로펠러가 달린 작은 비행기는 1km 정도의 활주로가 필요하고, 보잉 747이나 A380과 같은 대형 기종은 3km 이상 긴 활주로가 필요하지요. 대형 기종까지 다녀야 하는 국제공항은 대부분 4km가 넘는 활주로를 보유하고 있어요. 인천국제공항은 3.75km 2개, 4km 1개 등 모두 3개의 활주로를 갖췄어요.

 일반 도로와는 달라요

활주로는 콘크리트나 아스팔트로 덮여 일반 도로와 비슷해 보이지만 눈에 보이지 않는 부분은 많이 달라요. 비행기는 밤에도 뜨고 내리기 때문에 활주로에는 유도등을 달아요. 비행기가 빠른 속도를 내기 때문에 바닥이 매끈하고 이물질이 없어야 해요. 대부분 활주로는 전부 평평하게 이어지지 않고 가운데가 약간 파인 구조예요. 이륙을 좀 더 수월하게 하고 착륙할 때에는 속도를 줄이는 데 효율적이기 때문이에요.

비행기는 엄청나게 무겁기 때문에 활주로는 아주 튼튼해야 한답니다. 비행기 무게는 수십 톤이 넘어요. 연료를 가득 채우고 사람과 짐을 태운 대형 비행기는 300~400톤에 이르기도 해요. 이렇게 무거운데다 특히 착륙할 때에는 그 힘이 더 커지고 속도도 빠르기 때문에 활주로는 엄청난 힘을 견뎌야 해요. 재료나 설계 등이 일반 도로와는 아주 달라요. 고속도로 포장의 두께가 40cm 정도인데 보통 활주로의 포장 두께는 1m가 넘어요.

수상 비행기는 물이 활주로로 쓰이고, 남극에서는 얼음 바닥이 활주로 역할을 해요. 특이하게 모래가 단단하게 다져진 해변 백사장을 활주로로 쓰는 곳도 있다고 해요.

 세계에서 가장 긴 활주로

티베트 참도 밤다 공항에 있는 활주로는 길이가 5.5km나 돼요. 이 공항은 해발고도가 4,334m나 되는 높은 곳에 위치해요. 공기가 희박하기 때문에 충분한 추진력과 양력을 얻으려면 더 긴 거리가 필요하답니다. 민간 공항이 아닌 곳으로는 미국 에드워드 공군 기지에 있는 활주로의 길이가 12km가 넘어요.

에드워드 공군 기지
© Eugene Berman / Shutterstock.com

자동화되어 있는 수하물처리시스템

 ### 공항의 혈관, 수하물처리시스템

큰 공항에서는 운항하는 항공사만 수십 곳이고, 하루에 뜨고 내리는 비행기가 수백 편이 넘어요. 수속이 끝나고 비행기가 뜨기 전까지 짧은 시간 동안 수하물을 다 비행기에 실어야 해요.

항공사 카운터에 맡겨진 수하물은 자동으로 분류되어서 해당 비행기의 수하물을 싣는 곳까지 운반돼요. 공항의 지하에는 수하물을 자동으로 운반하는 시스템이 있어요. 인천공항의 경우 수하물처리시스템의 길이가 90km에 달한다고 해요. 100m를 14초에 이동할 정도로 빠른 속도로 수하물을 실어 날라요. 1시간에 처리하는 수하물의 양은 5만 7,000개나 돼요. 출발할 때에 수하물을 맡기면 25분 만에 처리한

 수하물

기내까지 가지고 탈 수 있는 짐은 휴대 가능 수하물이라고 해요. 비행기에 들고 탈 수 없는 큰 짐은 비행기를 타기 전에 체크인 카운터에서 따로 부쳐야 해요. 항공사에 따라 허용하는 무게와 개수가 달라요. 정한 무게와 개수를 초과하면 돈을 더 내고 부쳐야 해요.

다고 해요. 도착할 때에는 반대의 과정을 거쳐서 수하물을 찾는 곳으로 이동해요. 이때에는 18분이면 이동이 끝나요.

비행기가 착륙하고 주기장에 도착하면 수하물이 이동을 시작해요. 승객들이 내리기 시작해서 입국 심사를 마치고 수하물 찾는 곳으로 가면 얼마 지나지 않아 수하물이 나오기 시작한답니다. 빠른 시스템을 갖췄기 때문이에요. 공항에서는 수하물처리시스템을 공항의 혈관이라고 불러요.

수하물을 잃어버렸어요

최악의 경우 수하물이 엉뚱한 비행기에 실려서 목적지와는 전혀 다른 나라로 가기도 해요. 운이 좋으면 시간이 걸리더라도 찾을 수 있지만, 그렇지 않으면 영영 못 찾기도 해요. 수하물이 늦게 도착하거나 잃어버리는 경우에는 항공사에서 규정에 따라서 일정 비용을 보상해 줘요.

 ## 정확도뿐 아니라 속도도 중요해요

도착 수하물을 찾는 곳은 벨트 컨베이어가 빙빙 도는 모양으로 생겼어요. 마지막 수하물을 찾아 갈 때까지 계속해서 수하물이 돌고 돌죠. 도착 후 수하물이 빨리 이동하더라도 찾는 데 시간이 걸릴 수 있어요. 비행기에 수백 명이 타고 있었다면 나오는 수하물도 수백 개가 넘어요.

도착 수하물 찾는 곳의 수는 한정돼 있기 때문에 여러 비행기가 한꺼번에 쓰기도 해요. 수하물이 많아지는 만큼 자신의 수하물을 찾는 것은 더 어려워져요. 일등석이나 비즈니스석 승객이나 항공사가 제공하는 특별한 서비스에 가입한 승객의 수하물을 먼저 내보내요.

비행기 체크인 마감 시간에 임박해 도착하거나, 환승했는데 갈아탈 시간이 촉박한 경우 수하물이 따라가지 못하는 경우도 생기곤 해요. 이럴 때에는 다음 비행기 편으로 보낸답니다. 승객은 공항에서 기다리다 받아가기도 하고 항공사에서 숙소로 보내주기도 해요.

벨트 컨베이어
ⓒ T.W. van Urk / Shutterstock.com

비행기가 한 번 날 때는 얼마가 들까요?

급유 중인 비행기
ⓒ Anucha Cheechang / Shutterstock.com

 비행기가 날 때는 기름을 얼마나 먹나요?

비행기는 무거운 기체가 빠르게 날기 때문에 기름도 많이 먹어요. 보잉 747-400 기종은 연료를 1,150드럼 분량을 넣을 수 있어요. 한 시간에 소모하는 연료의 양은 12톤이나 돼요. 이륙할 때 비행기 무게는 대략 390톤인데 그중에서 연료 무게만 170톤이나 돼요. 연료 탱크는 양쪽 날개에 각각 4개, 동체에 1개 등 모두 9개예요. 연비는 1km를 가는 데 16리터 정도 든답니다. 자동차 연비처럼 따지면 1리터에 0.1~0.2km 정도를 가는 거예요. 서울에서 뉴욕까지 간다고 하면 약 170톤의 연료가 필요하고, 금액으로 따지면 1억 원이 넘어요. 300명 정도가 탄다고 하면 1인당 20만 원 이상씩 연료비를 부담하는 셈이지요.

 **비행기 표 값에는 어떤 내용이 포함되나요?**

비행기 가격은 아주 비싸요. 싼 비행기도 수백억 원이에요. 보잉 747이나 에어버스 A380 기종은 비행기 값만 4,000억~5,000억 원에 달해요.

비행기는 공항에 서 있는 동안 자동차 주차비에 해당하는 주기료를 내야 해요. 나라마다 공항마다 다른데 하루에 100만 원 정도 들어가요. 착륙할 때에도 돈을 내요. 항공기의 크기와 무게를 기준으로 하는데, 적게는 수십만 원에서 많게는 수백만 원이 들어요. 공항 건설 비용이 비싸면 그만큼 이용료도 비싸져요. 일본 간사이 공항은 바다 위에 공항을 지었는데, 건설 비용이 많이 들어서 사용료도 비싸게 받는다고 해요. 승객이 탑승할 때 비행기와 탑승 공간을 연결하는 탑승교를 사용할 때에도 돈을 내고, 전기를 비롯해 공항 시설을 이용할 때에도 돈이 들어요.

급유 중인 비행기
ⓒ abdul hafiz ab hamid / Shutterstock.com

영공을 통과할 때 돈을 내는 경우도 있어요. 기내식을 준비하는 데에도 비용이 들어요. 이 밖에도 조종사와 승무원 인건비와 현지 체류비, 항공기 유지보수비, 항공사 직원 인건비, 보험료 등 간접비까지 따지면 비행기가 한 번 뜨고 내릴 때 드는 비용은 엄청나답니다.

국제선 장거리 노선을 다니는 비행기가 한 번 운항을 하면 억 대가 넘는 돈이 들어요. 100만 원대인 1인당 비행기 표 값이 비싸다고 할 수는 없답니다.

승객을 태우면 운항 비용이 많이 들어요

비행기 제작사가 비행기를 만들면 항공사에 전달해줘야 해요. 이때에도 빈 비행기로 날아간답니다. 보통은 제작사가 운항 비용을 부담해요.

정비를 위해 정비 센터가 있는 곳으로 가거나, 임무를 다하고 비행기 폐기장으로 가기도 해요. 공항이 새로 생겨서 이동하기도 해요. 인천공항이 새로 생겼을 때 김포공항에 있던 비행기가 모두 인천공항으로 날아갔어요. 전세기는 특정 손님만을 태우고 가는 비행기예요. 이때에도 돌아오는 비행기는 빈 채로 오는 경우가 많아요. 해외에 사건이 발생해서 교민들을 특별히 수송하는 경우에도 가는 비행기는 빈 채로 날아가요. 승객이 없어서 비행기 표 값은 벌 수 없지만, 승객을 관리하는 비용이 들지 않기 때문에 운항 비용은 오히려 적게 든다고 해요.

비행기 엔진 내부
ⓒ aapsky / Shutterstock.com

세계에서 가장 위험한 공항

텐징-힐러리 공항
ⓒ Jiri Foltyn / Shutterstock.com

 세계에서 가장 높은 곳에 있는 텐징-힐러리 공항

네팔의 텐징-힐러리 공항_{예전에는 루크라 공항이었는데 에베레스트를 최초로 등정한 힐러리와 셰르파 텐징의 이름으로 바꿨어요.}은 해발 2,850m 높이에 위치해요. 고산지대라 기류가 불안정하고 날씨도 종잡을 수 없이 변하죠. 이 공항은 활주로 길이가 527m밖에 되지 않아서_{보통 활주로는 3,000~4,000m 정도예요.}, 작은 프로펠러 비행기만 다녀요.

활주로가 시작하는 부분이 절벽이고 끝 부분도 산으로 막혀 있어요. 착륙할 때 높이를 잘못 맞추면 절벽에 부딪히고, 착륙에 실패해도 다시 떠오를 수 없기 때문에 한 번에 성공해야 해요. 이착륙을 수월하게 하기 위해 활주로가 경사져 있기 때문에 착륙할 때에는 착시 현상이 생기기도 해요. 아주 위험한 곳이지만 에베레스트 등반객이 많이 이용하는 곳이기 때문에 계속해서 운영하고 있어요.

 해수욕장 위를 지나는 프린세스줄리아나 공항

카리브 해에 위치한 세인트마틴 섬에 있는 프린세스줄리아나 공항은 활주로의 끝 지점이 해변과 붙어 있어요. 해변에는 사람들이 해수욕을 즐기고 있고, 그 위로 비행기가 수십 차례 지나간답니다. 너무 가까이 지나가기 때문에 제트 기류에 다칠 수 있다는 경고판이 붙어 있을 정도예요. 해변에 바로 활주로가 붙어 있는 이유는 섬이 너무 작기 때문이에요. 활주로 거리를 확보하려다 보니 해변에서 바로 시작할 수밖에 없었답니다.

해변에서 보면 비행기가 마치 추락하듯이 다가온다고 해요. 스릴 넘치는 광경을 보기 위해 일부러 찾아오는 관광객도 많대요. 보는 사람은 신기하고 스릴 넘치지만, 정작 착륙해야 하는 기장은 해변으로 최대한 낮게 날아 접근해야 하기 때문에 긴장의 연속이에요.

프린세스줄리아나 공항
ⓒ Solarisys / Shutterstock.com

남극에는 공항은 따로 없지만 활주로가 있어요

얼음과 눈으로 뒤덮인 활주로죠. 남극 대륙에서 활동하는 사람들에는 꼭 필요해요. 넓고 평평해서 큰 비행기도 다닐 수 있지만, 항공기 무게 때문에 얼음이 깨지지 않도록 주의해야 해요. 또한 눈과 얼음으로 돼 있기 때문에 미끄러지지 않도록 조심해야 한답니다. 이 활주로는 영하 5도 이하에서만 사용할 수 있어요. 그런데 지구온난화로 얼음이 녹으면서 활주로가 폐쇄되는 일이 종종 생기고 있어요. 얼음이 녹으면 깨지기 쉽기 때문에 비행기가 뜨고 내리기가 점점 위험해지고 있대요.

남극의 빙하 활주로

자동차 도로와 교차하는 지브롤터 공항

스페인 남부 지브롤터 공항은 비행기 활주로와 자동차 도로가 교차해요. 마치 철길 건널목처럼 활주로 한가운데로 도로가 지난답니다. 비행기는 이착륙할 때 자동차 도로교통법규와 항공운항법규를 동시에 지켜야 해요. 비행기가 이착륙할 때 자동차들은 비행기가 지나갈 때까지 신호를 받고 대기한답니다.

세계에서 가장 아름다운 공항

 ### 공항은 나라의 첫인상이에요

공항은 단순히 비행기가 뜨고 내리고 짐을 처리하는 곳이 아니에요. 한 나라의 첫인상을 좌우하는 중요한 건물이에요. 이용하기 편하고 멋있게 생긴 공항에 호감이 갈 수밖에 없어요. 그런 공항이 있는 나라는 좋은 나라라는 인상을 받게 돼요. 각 나라는 공항을 멋있게 지으려고 노력한답니다.

 ### 유연한 곡선의 아름다움을 뽐내는 인천공항

번쩍이는 금속 외벽과 유선형 건물이 미래의 건물처럼 보이지만, 그 속에는 한국의 아름다움을 담았다고 해요. 전통 기와집과 우아한 처마 선에서 영감을 얻어 디자인했답니다. 밖에서 보면 직선을 찾아보기 힘들 정도로 유연한 곡선을 사용해서 아름다움을 표현했어요. 인천공항은 공항 건축의 대가인 커티스 펜트레스가 디자인했어요.

자연경관과 잘 어울리는 미국의 덴버 국제공항

천막 같은 구조물이 연달아 서 있어서 거대한 천막촌을 떠오르게 해요. 마치 눈 덮인 로키 산맥처럼 보인답니다. 실제로 공항 뒤편으로는 만년설이 쌓인 로키 산맥이 있어요. 멀리서 보면 로키 산맥을 배경으로 푸른 초원에 천막촌을 지은 듯 보여서 자연과 조화를 잘 이뤄요.

덴버 국제공항

 특이한 형태로 주목받는 공항

쿠웨이트 국제공항은 위에서 보면 삼각형 부메랑 2개가 마주 보는 형태예요.
아부다비 국제공항은 X자처럼 생겼는데 마치 검의 손잡이 부분처럼 보인답니다.
중국 바오안 국제공항은 십자가 또는 인형이 팔을 벌린 것처럼 생겼어요.
뉴질랜드 웰링턴 국제공항은 갈색 바위들이 겹쳐 있는 바위산처럼 생겼어요.
스페인 레리다 공항은 L자 2개를 붙여놓은 모양이에요. 붙인 사이에는 관제탑이 서 있어요. 겉면은 다양한 색을 가로로 칠해놓아서 마치 지층을 보는 듯해요.
미국 산호세 국제공항은 물결치는 형상의 금속판을 외벽에 배치해 마치 현대 미술 전시관 같아요.

실내 구조가 아름다운 공항

뉴질랜드 웰링턴 공항은 실내도 바위굴에 들어온 듯한 분위기로 꾸몄어요.
스페인의 마드리드 바라하스 공항은 대나무 천장이 물결치는 듯한 모양이에요. '천장이 아름다운 공항'이라고 불릴 정도로 특이한 멋을 풍겨요. 이 물결은 Y자 모양 강철 기둥이 받치고 있는데 들어오는 빛과 거리에 따라서 노란색과 붉은색으로 변해요.
싱가포르의 창이 공항 안에는 호수와 정원이 있어서 자연 속에 온 듯한 기분이 들어요. 공항 외부도 유리 돔처럼 만들어서 진짜 온실처럼 보여요.

마드리드 바라하스 공항의 내부
ⓒ Iakov Filimonov / Shutterstock.com

창이 공항의 내부
ⓒ Sorbis / Shutterstock.comom

세계 최고 공항 이야기

킹파드 국제공항

 ### 가장 큰 사우디아라비아 킹파드 국제공항

사우디아라비아 담만 북서쪽에 있는 킹파드 국제공항은 면적이 7만 8,000헥타르에 달해요. 싱가포르보다도 크고 제주도 넓이의 40%에 해당하는 아주 큰 공항이랍니다. 왕족 전용 터미널이 따로 있을 정도고 너무 넓어서 일부는 사용하지 않는 곳도 있다고 해요. 걸프 전쟁 때에는 미국 전투기의 주기장으로 이용하기도 했어요

 ### 가장 오래된 미국의 칼리지파크 공항

1909년에 세워졌어요. 라이트 형제가 비행에 성공한 1903년보다 6년 후예요. 라이트 형제의 형인 윌버 라이트가 교관으로 일한 육군 비행학교도 이 공항 안에 생겼다고 해요. 항공 우편 서비스도 이곳에서 가장 먼저 시작했어요..

 ### 이용객이 가장 많은 미국 애틀랜타 국제공항

2015년에 이용객이 1억 149만 명이었어요. 18년째 1위를 지키고 있답니다. 애틀랜타 공항은 미국 안에서 유럽과 중남미에 모두 가까워서 이곳을 통과하는 비행

기가 많다고 해요. 국내선도 미국 전역의 80%를 2시간 안에 갈 수 있는 지리적 이점이 있어요. 2위는 중국 베이징 서우두 공항으로 약 9,000만 명이 이용했대요.

국제선 이용객이 가장 많은 두바이 국제공항

2015년에 국제선 이용객 수가 7,800만 명이었어요. 두바이 국제공항은 100여 개 항공사 240여 개 노선이 운항 중이에요. 2015년 한 해 동안 40만 4,000편의 비행기가 오갔다고 해요. 영국 히스로 공항은 7,000만 명으로 2등을 차지했지요.

두바이 국제공항
© Sorbis / Shutterstock.com

화물을 가장 많이 실어 나르는 홍콩 국제공항

446만 메트릭톤(1,000kg을 나타내는 국제단위)을 기록했어요. 인천공항은 259메트릭톤으로 5위에 올랐어요.

가장 많은 비행기가 뜨고 내리는 공항

미국의 시카고 오헤어 공항과 애틀랜타 공항이 연간 90만 회 정도로 1, 2위를 다투고 있어요.

서비스 세계 1위 공항, 인천국제공항

국제공항협의회가 선정하는 국제공항 서비스평가 1위예요. 5점 만점에 4.99점을 얻었어요. 개항한 지 4년 만인 2005년부터 12년 연속 1위를 지키고 있어요. 이 순위는 친절도와 청결도, 이용 편의성, 시설 및 운영 등 34개 분야를 평가해 순위를 매긴답니다. 한편 영국의 항공서비스 조사 회사인 스카이트랙스가 조사한 2016년 1위 공항은 싱가포르 창이 공항이에요.

인천국제공항

못다 한 이야기 ⑧ 공항 시설을 제대로 이용하는 방법

✈ 공항은 작은 도시 같아요

국제공항은 건물도 커서 다 돌아다니려면 시간도 오래 걸리고 발이 아플 정도예요. 어떤 공항은 여러 개의 터미널로 이뤄져 있어서, 터미널과 터미널 사이를 이동하려면 버스나 열차를 타야 하기도 해요. 규모가 큰 공항은 작은 도시 같은 시설을 갖추고 몇 달 동안 수많은 사람이 생활할 수 있게 만들기도 해요. 테러 등으로 밖으로 나갈 수 없는 상황이 되면 그 안에서 생활을 할 수 있어요.

✈ 공항의 각종 편의시설

비행기를 환승할 때에는 짧게는 몇 시간에서 길게는 하루 이상 걸리기도 해요. 임시로 공항 밖 숙소로 이동하기도 하지만 공항에서 기다릴 때도 있어요. 어떤 공항은 공항 안에 호텔이 있어서 굳이 공항 밖으로 나가지 않고도 편하게 잘 수 있어요. 이름 있는 호텔부터 작은 캡슐형 호텔까지 종류도 다양해요. 오래 머물러야 하는 경우를 대비해 샤워실을 갖춰놓기도 해요. 인천공항에는 찜질방도 있어서 편하게 쉴 수 있답니다.

우리나라는 겨울이지만 목적지가 여름이라면 두꺼운 외투를 입고 가면 불편해요. 외투 보관

아랍에미리트 항공의 비즈니스석 라운지
ⓒ Sorbis / Shutterstock.com

서비스를 이용하면 굳이 옷을 가지고 가지 않아도 돼요. 간단한 옷 수선이나 세탁도 해주기 때문에 단추가 떨어졌거나 옷에 음식물을 흘려도 걱정 없지요.

병원이 있어서 진료를 받거나 상담을 할 수도 있어요. 각종 종교를 가진 사람들이 종교 활동을 할 수 있도록 예배실과 기도실을 갖추기도 해요.

> **업무 출장**
> 문서를 출력하거나 팩스를 이용할 수 있는 시설도 있어요.

✈ 볼거리와 즐길 거리

인천공항에서는 1년 365일 문화 공연이 펼쳐진답니다. 매일 하는 공연과 시즌 공연 등 하루 20여 회 각종 공연을 해요. 한국문화박물관에서는 우리 민족의 역사 유물을 전시하고 있어요. 야생초화원에서는 계절별로 자라는 아름다운 야생초도 볼 수 있어요.

극장이 있어서 영화를 볼 수도 있어요. 인천공항에는 사계절 내내 즐길 수 있는 '아이스 포레스트'라는 스케이트장을 운영해요. 겨울에는 아이스스케이트, 다른 계절에는 인라인스케이트를 탈 수 있어요.

✈ 비즈니스석과 일등석을 위한 라운지

항공사들은 승객이 편하게 쉴 수 있는 라운지를 운영해요. 주로 비즈니스석과 일등석 손님만 입장할 수 있어요. 카드사나 통신사 등 항공사가 아닌 곳들이 서비스를 하기도 해요. 라운지에는 편안한 의자가 있고, 식사와 음료를 무료로 제공하기도 해요. TV와 업무 시설, 샤워실, 각종 읽을거리 등이 있어서 출발하기 전까지 시간을 보내기에 아주 좋답니다.

인천국제공항의 공연 모습 © Anatolii Lyzun / Shutterstock.com

도하 국제공항의 기도실 © paul prescott / Shutterstock.com

9부
비행기 회사와 사람들

9부는 비행기를 움직이는 사람들을 다뤄요. 조종사와 정비사, 승무원 등 비행기가 날기 위해서는 꼭 필요한 사람들이 있어요. 비행기 회사도 함께 다뤄요. 세계 최초의 항공사는 1919년 10월 7일에 생긴 KLM으로 아직까지도 건재해요. 비행기에는 생산 순서대로 부여되는 일련 번호와 용도에 맞게 부여되는 등록 부호가 있어요. 비행기 부품은 200만 개 정도인데, 비행기 정비사 1명이 10만~15만 개 부품을 담당한다고 해요. 공항에서 볼 수 있는 비행기 중 80% 이상이 바로 미국의 보잉과 유럽의 에어버스에서 만든 여객기예요.

100년 전에도 비행기를 타고 여행을 다녔어요

1914년 운항했던 세인트피터즈버그 탬파 에어보트라인
© Jorg Hackemann / Shutterstock.com

 이제 비행기 없이 사는 세상을 생각할 수 없는 시대예요

1년에 비행기를 이용하는 사람의 수는 30억 명이 넘어요. 먼 거리를 이동하거나 해외로 나갈 때에는 비행기가 필수예요. 바다를 건너는 대륙과 대륙의 이동은 비행기 없이는 힘들어요. 비행기 산업은 아주 거대하고 중요해졌답니다.

 **세계 최초 항공사, 네덜란드의 KLM**

KLM의 비행기
© Fasttailwind / Shutterstock.com

1919년 10월 7일에 생긴 KLM은 아직까지도 건재해요. 라이트 형제가 처음 비행에 성공한 때가 1903년이니, 비행기가 발명된 후 얼마 지나지 않아서 상업 운항이 시작된 셈이에요. KLM은 조종사였던 알베르트 프레스만이라는 사람이 주도해서 만들었어요. 설립 이듬해인 1920년 5월 17일에 첫 운항을 시작했어요. 노선은 네덜란드 암스테르담과 영국 런던 구간이었어요. 1930년 무렵에는 유럽 전역을 운항했어요.

KLM은 이름 뒤에 'Royal Dutch Airlines'이라는 수식어가 붙어요. 네덜란드 왕실이 승인한 항공사라는 뜻이에요. KLM의 로고에도 왕관이 그려져 있답니다. KLM이 최초로 시도한 서비스가 여럿 있어요. 1921년에는 비행기 표를 예약하는 판매소를 열었고, 1924년에는 유럽에서 아시아로 가는 노선을 개척했어요. 비즈니스 클래스를 처음 만든 곳도 KLM이에요.

KLM 이전에도 비행기를 운항하던 회사가 있어요

독일의 페르디난트 폰 체펠린 백작은 1909년에 비행선을 운항하는 독일비행선 주식회사를 세웠어요. 1910년부터 7대의 비행선을 운행했어요. 본사가 있는 프랑크푸르트와 주변 도시를 다녔는데, 제1차 세계대전이 발발해 운항을 중단한 1914년까지 3만 4,000여 명을 실어 날랐지요.

돈을 받고 정기적으로 승객을 실어 나른 회사는 미국의 폴 팬슬러라는 기계 기술자가 만든 '세인트피터즈버그 탬파 에어보트라인'이라는 회사예요. 1913년에 회사를 설립하고 1914년부터 운항을 시작했어요. 동체의 아래위로 2개의 앞날개가 있는 8m 길이의 비행기를 구입해서 플로리다 서해안의 세인트피터즈버그라는 도시에서 탬파 만을 건너 탬파까지 32km를 운행했어요. 첫 손님은 세인트피터즈버그의 전 시장이었어요. 이 구간은 23분 걸렸고, 하루 2회 왕복 운항했어요. 당시에는 두 도시를 오가려면 자동차로는 20시간, 기차로는 14시간이 걸렸다고 해요. 이렇게 빠르게 갈 수 있지만, 비행기에는 손님을 1명밖에 태울 수 없었고, 가격도 5~10달러로 싸게 책정해서 운영이 어려웠다고 해요. 결국 3개월 만에 운항을 중단했대요.

저가 항공사는 어떻게 비행기 표 값을 낮췄을까요?

세계 최초 저가 항공사는 미국 사우스웨스트 항공이에요. 비행기 3대로 시작해서 미국 최대 국내선 항공사로 자리 잡았지요. 표 값을 낮추기 위해서 돈이 드는 서비스를 대폭 줄이고, 비행기도 한 종류만 이용해서 정비와 운용비를 줄였다고 해요. 음료와 간식도 돈을 주고 사 먹어야 해요. 사우스웨스트 항공이 성공하면서 저가 항공도 많이 생겼어요. 덕분에 비행기를 이용해 여행하는 사람이 큰 폭으로 늘었다고 해요.

사우스웨스트 항공의 비행기
© Chris Parypa Photography / shutterstock.com

세계에는 비행기 제작 회사가 몇 개나 있나요?

세스나 208 캐러밴
ⓒ Kosin Sukhum / Shutterstock.com

 세계에서 가장 유명한 비행기 제작 회사, 보잉과 에어버스

세계에는 비행기의 종류만큼이나 많은 비행기 회사가 있어요. 대한항공이나 아시아나 항공처럼 비행기를 운항하는 회사가 있는가 하면, 비행기를 만드는 제작 회사도 많죠. 비행기는 자동차보다 훨씬 더 복잡하고 높은 기술력이 필요하고 비용도 많이 들어요.

미국의 보잉과 유럽의 에어버스는 세계 1위 자리를 다투는 초대형 비행기 제작 회사예요. 여객기를 주로 만들고, 웬만한 군용 전투기, 헬리콥터, 특수 임무 비행기까지 못 만드는 비행기가 없을 정도예요. 이들이 만든 많은 비행기는 지금 이 순간에도 전 세계 하늘 어딘가를 유유히 비행하고 있죠. 세계 비행기 시장을 지배하고 있을 정도로 큰 영향력을 가지고 있어요.

항공 선진국인 프랑스의 다소에비에이션, 러시아의 UAC 역시 여객기부터 군용기, 무인기, 특수 임무기 등 아주 다양한 비행기를 만들면서 세계적인 비행기 제작 회사로 이름을 날리고 있지요.

비행기는 쓰이는 목적과 형태에 따라 필요한 기술력이 완전히 달라요

보통 비행기 제작 회사들이 만드는 비행기의 종류는 각각 달라요. 세계적으로 규모가 거대하고 유명한 몇몇 제작 회사를 제외하면 대부분의 회사는 특정 분야의 비행기나 비행기 부품을 만들어요.

미국의 록히드마틴은 세계적으로 성능이 뛰어난 군용기를 만들어요.

브라질의 엠브라에르나 캐나다의 봄바르디어는 엔진 2개짜리 소형 여객기를 만드는 제작 회사예요.

우크라이나의 안토노프는 수송기나 화물기를, 미국의 걸프스트림이나 세스나는 중소형 민간 비행기를 주로 만들지요.

록히드마틴의 F-16 전투기
© Peter R Foster IDMA / Shutterstock.com

비행기 전문 부품 제작 회사가 따로 있어요

규모가 크고 유명한 비행기 제작 회사라도 비행기 전체를 다 만들지는 않아요. 비행기는 복잡하고 고도의 기술이 필요하기 때문에 일부는 전문 비행기 부품 회사에 맡기는 경우가 많죠. 특히 비행기 부품 중 비싸고 만들기 어려운 엔진은 엔진 전문 제작 회사가 만들어요.

세계를 주름잡는 엔진 제작 회사로는 미국의 제너럴일렉트릭, 프랫앤휘트니, 영국의 롤스로이스, 러시아의 UAC 등이 있어요. 이들이 만든 엔진은 비행기 제작 회사들의 선택을 받아서 국적에 관계없이 다양한 비행기에 장착되고 있어요.

엠브라에르 195
© Jaromir Chalabala / Shutterstock.com

이 밖에 비행기에 들어가는 항전 장비나 복잡한 배선 같은 것을 주로 만드는 회사, 비행기 바퀴를 전문적으로 만드는 회사, 비행기 몸체만 전문으로 하는 회사 등 많은 크고 작은 비행기 제작 회사들이 힘을 합쳐서 하나의 비행기를 만들게 되죠.

비행기들은 우리가 이름만 들어도 알법한 유명 비행기 제작 회사의 이름을 달고 나오지만 그 뒤에는 수많은 크고 작은 비행기 부품 회사들과 그 회사들에서 일하는 사람들의 노력이 숨어 있다는 사실을 기억해야 한답니다.

대한항공 비행기
© Markus Schmal / Shutterstock.com

우리나라의 항공사

 **비행기에도 국적이 있어요**

하늘을 나는 비행기들에는 각각 소속 회사가 있답니다. 비행기를 보유하고 이용해 승객을 실어 나르는 일을 하는 회사를 항공사라고 해요. 각 나라마다 항공사가 몇 개씩 있어요. 우리나라는 대한항공과 아시아나 항공, 2곳이 대표예요. 각 나라를 대표한다고 해서 '국적 항공사'라고 부르고 이 회사들에 속한 비행기를 '국적기'라고 해요.

 **우리나라의 국적기**

대한항공은 우리나라를 대표하는 항공사예요. 규모도 가장 커요. 1969년 3월에 세워져서 50년 가까운 역사를 이어가고 있어요. 출범 당시에는 대형 4발 제트기인 B720 항공기를 도입해 일본과 동남아시아 노선을 운영했어요. 대한항공은 1988년까지 우리나라 항공 운송을 홀로 책임졌어요. 이후 해외여행을 마음대로 할 수 있

게 되면서 비행기를 타려는 사람이 많아지자 또 다른 항공사가 필요해졌어요. 이에 1988년 아시아나 항공이 생겼어요. 본격적으로 두 항공사가 경쟁하는 체제가 됐지요.

대한항공과 아시아나 항공은 서로 다른 개성을 지녔어요. 비행기 색깔을 보면, 대한항공은 담청색인데 무궁한 미래와 창공을 상징한다고 해요. 아시아나 항공은 흰색이거나 따뜻한 회색이에요. 대한항공은 이름에서 알 수 있듯이 우리나라를 대표하기 때문에 심벌마크도 태극 문양을 응용한 프로펠러가 돌아가는 모양이에요. 아시아나 항공은 색동을 심벌로 써요. 오방색이라고도 하는데 동서남북과 중앙의 방위를 지켜주는 안전의 의미가 담겨 있어요.

국적기의 장단점
국적기를 타면 승무원들이 우리나라 사람이기 때문에 외국에 가더라도 비행기 안에서 불편하지 않아요. 외국 항공사의 비행기를 타면 승무원이 외국인이라 말이 안 통할 때가 있어요.
단점은 비행기 표 값이 외국 항공사에 비해서 비싸다는 거예요. 그래도 말이 잘 통하고 편하기 때문에 국적 항공사를 찾는 사람이 많답니다.

두 항공사가 경쟁하고 있긴 하지만 규모 면에서는 대한항공이 앞서요. 대한항공이 보유한 항공기는 158대이고 세계 129개 도시에 취항하고 있어요. 아시아나 항공은 비행기 대수가 84대예요. 세계 74개 도시에 취항해요.

다양한 항공사가 생겼어요

10년 전까지만 해도 대한항공과 아시아나 항공이 국내외 비행기 수송을 담당했어요. 2005년부터 저가 항공사가 생기면서 항공사도 많아졌어요. 제주항공, 진에어, 티웨이 항공, 이스타 항공, 에어 부산 등이 저가 항공사예요. 이들은 서비스를 최소화하고 불필요한 비용을 줄여서 싼값에 비행기 표를 공급해요. 주로 국내선만 다녔는데 요즘에는 해외 노선까지 영역을 넓혔어요. 저가 항공사가 국내에서 실어 나르는 승객 수는 전체 승객 수의 절반이 넘는다고 해요.

진에어 비행기
© Sorbis / Shutterstock.com

아시아나 항공 비행기
© Vytautas Kielaitis / Shutterstock.com

비행기도 자동차처럼 번호판이 있나요?

대한항공의 등록 부호 HL7614 비행기
ⓒ Rebius / Shutterstock.com

 **등록 부호만 보면 나라를 알 수 있어요**

비행기에는 생산 순서대로 부여되는 일련 번호와 용도에 맞게 부여되는 등록 부호가 있어요. 그래서 비행기가 생산된 시기와 생산 국가, 운항 중인 항공사 등 여러 정보를 알 수 있지요.

민간 비행기는 보유하고 있는 국가를 상징하는 알파벳의 국적 기호와 등록 순서대로 부여되는 숫자의 등록 기호를 부여받아요. 쉽게 말해 "등록 부호=국적 기호+등록 기호"인 거예요. 전 세계가 약속한 방법으로 부여하기 때문에 전 세계 사람들이 등록 부호를 이해할 수 있어요.

우리나라나 우리나라의 회사가 보유하고 있는 모든 민간 비행기는 HL이라는 국적 기호와 4자리 숫자로 이루어진 등록 부호를 가지고 있어요. 비행기 날개 위나 동체 측면처럼 눈에 잘 띄는 곳에 적혀 있죠. HL○○○○이라는 등록 부호를 단 비행기는 세계 어디를 날더라도 '대한민국이나 대한민국 회사에서 가지고 있는 민간 비행기구나!' 하고 알 수 있답니다. 같은 방식으로 미국 비행기의 등록 부호는 N으로 시작하고, 일본은 JA, 중국은 B, 북한은 P, 프랑스는 F로 시작하죠.

 ## 항공사별 고유 번호도 있어요

> **비행기 외부에 쓰여 있지 않은 번호**
>
> 공항에서 관제사들이 공항에 접근하는 비행기들을 식별하기 위한 세 자리 알파벳의 코드와 제작사가 부여한 일련 번호 등이 있어요.

　전 세계 모든 항공사의 모임인 국제항공운송협회IATA에서 각 항공사의 비행기를 구분하기 위해 알파벳 두 자와 세 자리 숫자를 합쳐 코드를 만들기로 했죠. 이 코드는 국가 간의 약속이 아니라 항공사 간의 약속으로 선착순으로 정해요. 알파벳 두 자리를 먼저 신청한 항공사가 있다면 다른 항공사는 같은 알파벳의 조합을 선택하지 못해요.

　보통은 자신의 항공사 이름을 따서 코드를 만들어요. 예를 들어 미국의 아메리칸 항공American Airlines의 코드는 앞 자를 따서 AA, 프랑스의 에어프랑스Air France는 AF, 독일의 루프트한자Lufthansa는 LH, 영국의 브리티시에어웨이즈British Airlines는 BA죠. 참고로 대한항공은 KE, 아시아나 항공은 OZ예요. 아시아나 항공의 영어 명칭은 'Asiana Airlines'인데 원래대로라면 AA를 써야겠지만 이미 아메리칸 항공이 먼저 쓰고 있기 때문에 전혀 관계없는 코드를 선택할 수밖에 없었어요. 이 코드는 보통 여객기의 수직 꼬리 날개에 쓰여 있거나 탑승권에서도 확인할 수 있어요.

항공사가 늘어나면서 번호 체계도 다양해졌어요

　전 세계의 국적 항공사, 저비용 항공사, 지역 항공사 등을 모두 포함하면 1,000개가 넘어요. 알파벳은 총 26자이고 각각 두 자의 조합으로 만들면 650종류의 조합만 만들 수 있지요. 2개의 알파벳만으로는 코드를 정할 수 없는 항공사들이 생긴 거죠. 비교적 늦게 생긴 항공사는 숫자 한 자리와 알파벳 한 자리의 조합으로 코드를 부여받아요.

아메리칸 항공의 코드 AA
ⓒ Tupungato / Shutterstock.com

캐세이퍼시픽(CX) 항공의 탑승권
ⓒ Sorbis / Shutterstock.com

비행기 조종사가 되고 싶어요

© dvande / Shutterstock.com

 ### 조종사 자격을 갖추는 것은 어려운 일이에요

비행기 조종사가 되려면 4년제 대학을 졸업하고 조종사 면허라고 할 수 있는 면장을 따야 해요. 항공 신체검사 1급을 받아야 하고, 비행 경력이 최소한 250~1,000시간 이상 돼야 하지요. 항공영어시험도 일정 수준 이상의 점수를 받아야 해요. 이런 기준은 최소한으로 필요한 조건이에요. 전투기 조종사가 되려면 공군사관학교나 공군비행학교 과정에, 일반 비행기 조종사를 원하면 대학의 항공운항과를 나오는 게 유리해요. 외국의 항공학교에 유학을 가는 방법도 있어요.

 ### 군용 비행기 조종사는 공군 장교로 가야 해요

© SpaceKris / Shutterstock.com

특히 전투기는 일반 비행기와 달리 속도도 빠르고 전쟁 때 특수 임무를 해야 하기 때문에 훈련이 아주 힘들어요. 전투기는 비행기 가격만 수백~수천 억 원이고, 조종사를 키우는 데 들어가는 돈도 수억 원이에요. 조종사를 키우는 데 많은 시간과 돈이 들기 때문에 조종사가 다치지 않도록 전투기에는 조종사를 살리기 위한 안전장치가 아주 많이 들어 있어요. 조종사를 구출하는 특수부대도 따로 운영할 정도예요.

민간 항공사 기장은 비행 경력이 많아야 해요

항공사마다 다르지만 보통 1,000시간 이상 경력이 필요해요. 보잉 747 같은 대형 항공기는 비형 경력이 1,500시간 이상 돼야 몰 수 있다고 해요. 항공운항과를 졸업하면 200시간 정도 비행 경력을 쌓기 때문에 수백 시간 훈련을 더 쌓아야 한답니다. 군 조종사는 전역할 때 1,000시간 이상 경력을 쌓아요. 군용 비행기를 몰다가 민간 항공기 조종사로 가는 사람도 많아요. 그런데 10년이나 15년 의무로 복무해야 해야 전역할 수 있어요.

비행기 조종은 안전이 중요해요

출발해서 도착하기까지 하늘에 떠 있는 비행기는 어디에도 속하지 않는 작은 도시나 마찬가지예요. 이때 비행기 기장은 비행기를 통솔하는 대통령이나 다름없고, 모든 책임을 져야 하는 어깨가 무거운 자리예요. 조종실은 방탄과 방폭 처리를 해서 만일의 사고에 대비하고 아무나 들어갈 수 없게 비밀번호 키를 달아요. 기장은 사고가 나지 않도록 매 순간 신경 써야 하고, 혹시라도 위급한 상황이 발생하면 신속하고 지혜롭게 대처해서 피해를 최소로 줄여야 해요.

기장과 부기장은 승객이 밥 먹는 시간에 식사를 해요. 메뉴는 서로 다른 것을 골라요. 혹시라도 같은 음식을 먹다가 탈이 나면 2명 모두 운항에 지장을 주기 때문이에요. 조종사는 턱수염도 기르면 안 돼요. 운항 규정에 적혀 있어요. 산소마스크를 써야 할 때 마스크 조임줄이 턱수염 때문에 완전히 조여지지 않으면 산소를 제대로 마실 수 없기 때문이에요.

민간 항공기에는 기장과 부기장 2명이 타요. 1명이 조종할 수도 있지만 만일의 사태에 대비해 2명이 타지요. 기장은 비행할 수 있는 시간이 정해져 있어요. 대략 8시간 노선은 2명, 12시간 노선은 3명, 그 이상은 4명이에요. 이들이 번갈아가며 조종해요. 2명은 비행기를 조종하고 나머지 인원은 벙커에서 쉬거나 일등석이나 비즈니스석에서 휴식을 취한다고 해요.

© Sorbis / Shutterstock.com

서비스와 안전을 책임지는 비행기 승무원

출발부터 도착까지 바빠요

비행기 승무원은 여자뿐 아니라 남자도 있어요. 여자 승무원은 스튜어디스, 남자 승무원은 스튜어드라고 불러요. 비행기 승무원들은 비행기가 출발하기 전부터 비행기에 타서 각종 사항을 점검해요. 안전 장비나 비상용품, 기내 시설은 이상이 없는지 파악하고 기내 물품이 제대로 실렸는지, 수량은 부족하지 않은지 꼼꼼하게 체크해요.

비행기가 출발 준비를 마치면 승무원들은 승객들이 질서 있게 탈 수 있도록 유도해요. 승객이 다 타면 비행기가 안전하게 이륙할 수 있도록 문은 제대로 잠겼는지 등을 확인해요. 이륙 전에는 안전벨트와 구명조끼, 산소마스크 사용법, 비상탈출 방법 등을 승객들 앞에서 시범을 보여요. 이륙하기 직전까지 승객들이 안전벨트를 착용했는지 등받이는 세웠는지 등 안전하게 이륙할 준비가 됐는지 확인한답니다.

비행기가 이륙하면 비행기 안에서 이뤄지는 모든 서비스는 승무원을 통해 이뤄져요. 음료와 식사 등을 제공하는 일도 승무원의 몫이에요. 면세 물품을 판매하고 승객들이 요청 사항을 해결하고 착륙 전에는 입국 수속 서류와 세관신고서를 나눠주는 등 바쁘게 일한답니다. 착륙 전에는 이륙할 때와 마찬가지로 안전하게 착륙할 준비가 됐는지 꼼꼼하게 점검해요. 비행기가 착륙하면 손님들이 질서 있게 내릴 수 있도록 안내해요.

> **승무원들은 비행 중에 번갈아 휴식을 취해요**
>
> 비행기 안 눈에 띄지 않는 곳에 승무원을 위한 휴식 공간이 있어요. 하지만 휴식 시간이 주어져도 긴장감 때문에 제대로 쉴 수 없다고 해요.

가장 중요한 임무는 안전 관리예요

승무원의 주된 업무는 승객들을 위한 서비스예요. 하지만 비행기는 사고가 나면 크게 나기 때문에 사고 현장을 신속하게 수습하고 질서를 유지하는 일이 매우 중요해요. 승무원은 사고가 나면 승객들의 대피를 유도하고 응급 구조까지 해요. 승무원이 당황하고 제대로 수습하지 못하면 사고는 더 커질 수밖에 없어요.

사고가 나면 승무원은 가장 마지막까지 남아서 승객을 보호하는 역할을 수행해요. 비행 중에는 난동을 부리는 승객을 제압하는 역할도 한답니다. 위급 상황에 안전 관리를 제대로 하기 위해서 승무원은 체력이 좋아야 해요.

승무원이 되고 싶어요

승무원은 국적이 다양한 승객을 상대해야 하기 때문에 외국어를 잘해야 해요. 특히 세계 공용어로 통용되는 영어는 기본으로 할 줄 알아야 해요. 이렇게 외국 승객들을 상대하는 일이 많기 때문에 한 나라를 대표하는 민간 외교관으로 통하기도 한답니다. 단정한 자세와 친절한 태도, 환한 미소 등 승무원을 하늘의 꽃이라고 부르기도 해요. 그렇지만 실제로는 궂은일을 도맡아 하고 위험을 감수하는 일꾼이랍니다.

© Sorbis / Shutterstock.com

200만 개의 부품을 관리하는 비행기 정비사

 **사소한 문제가 큰 사고로 이어져요**

1990년 영국 항공 비행기가 영국을 출발해 스페인으로 가는 도중에 상공에서 조종석 앞 유리가 심하게 흔들리다가 뜯겨나갔어요. 조종사는 몸이 반쯤 밖으로 빨려 나갔답니다. 승무원들이 조종사를 붙잡고 부조종사가 비행을 해서 겨우 근처 공항에 비상 착륙했다고 해요. 사고 원인은 크기가 다른 볼트 하나 때문이었어요. 유리를 고정하는 볼트 하나의 직경이 규격보다 0.5mm 작아서 기압차와 속도를 견디지 못하고 빠져버린 거예요. 한 곳에 파손이 생겨서 다른 볼트까지 압력을 견디지 못하고 차례로 빠져버렸다고 해요.

 **비행기 정비는 단계가 복잡해요**

비행기는 수십만 개 부품으로 만들어요. 온도가 아주 낮은 상공을 빠른 속도로 오랜 시간 날기 때문에 각 부분에 엄청난 피로가 쌓인답니다.
자동차는 이상이 생길 때에만 정비를 하거나 정기점검이 필요한 시기에만 손을

보면 돼요. 비행기는 하늘을 날기 때문에 이상이 발견되어도 즉시 조치를 취할 수 없고, 초대형 사고로 이어지기 때문에 보통 비행 전 점검인 T정비부터 A~D단계 정비로 이뤄져요. T정비는 출발하기 전에 매번 실시하는 정비예요. A단계 정비는 비행기가 출발지나 목적지 공항에 머물 때 이착륙할 때 또는 비행 중에 고장 나기 쉬운 부분을 중점적으로 점검해요. B단계는 엔진을 상세하게 손봐요. C단계는 비행기 운항을 2~3일 정도 하지 않은 채로 배관이나 착륙 장치 등을 세부적으로 점검하거나 부품을 교환해요. D단계는 2~3주 정도 시간을 가지고 기체를 분해해서 점검해요.

> **비행기 정비는 격납고에서 이뤄져요**
>
> 대형 비행기는 기체 길이만 80m, 높이는 20m를 넘기도 해요. 격납고는 이런 비행기가 들어가야 하기 때문에 아주 커요.

비행기 정비사는 책임이 큰 만큼 부담도 커요

비행기 정비사는 각종 검사와 부품 교환 등을 통해 비행기를 최상의 상태로 유지하는 일을 해요. 비행기 부품은 200만 개 정도인데, 1명이 10만~15만 개 부품을 담당한다고 해요. 비행기 정비사가 오케이 하지 않으면 비행기가 뜰 수 없을 정도로 아주 중요한 역할이에요.

비행기 정비사가 되고 싶어요

항공공학이나 기계·전기전자 등 관련 학과를 졸업한 뒤에 항공사 기술직에 취직하는 방법이 있어요. 항공사의 정비 훈련생 과정을 이수하거나 국토해양부가 지정한 항공직업전문학교에서 교육을 받고 정비사가 되기도 해요. 공군에서 경력을 쌓고 정비사가 되기도 하지요.

비행기 정비사는 정비 기술이 우수해야 하고 영어도 잘해야 해요. 비행기 제작사가 대부분 외국 회사라서 비행기 정비 관련 기술 문서가 영어로 돼 있고, 정비 이력 문서도 영어로 작성하기 때문이에요. 항공사가 취항하는 현지 공항에 가서 일을 하거나, 비행기 제작사의 정비사와 교류를 하거나 교육을 받는 일도 있어서 영어로 소통할 일이 많아요.

못다 한 이야기 ⑨

비행기계의 영원한 라이벌, 보잉과 에어버스

✈ 여객기 대부분은 보잉과 에어버스예요

우리가 공항에서 이용하는, 혹은 공항에서 볼 수 있는 비행기 중 80% 이상이 바로 미국의 보잉과 유럽의 에어버스에서 만든 여객기예요. 특히 제트 엔진을 달고 있는 커다란 여객기는 거의 다 이 두 회사의 비행기라고 할 수 있죠.

우리나라 국적 항공사인 대한항공의 여객기는 대부분 보잉에서 만든 비행기이고, 또 다른 국적 항공사인 아시아나 항공의 여객기는 대부분 에어버스 비행기예요. 그만큼 보잉과 에어버스는 최고의 여객기 제조회사로서 서로 경쟁하면서 더욱 첨단화된 신형 여객기들을 경쟁적으로 내놓고 있어요. 오늘날 보잉은 '꿈의 여객기'라고 불리는 787을, 에어버스는 787보다 뛰어난 여객기를 목표로 한 A350을 개발해 시장에서 다시 경쟁 중이랍니다.

✈ 보잉은 에어버스의 할아버지뻘일 정도로 역사가 길어요

미국의 윌리엄 보잉이 1916년에 설립했으니 벌써 100년이 넘었지요. 보잉은 초기엔 수상 비행기를 만들다가 제1차 세계대전과 제2차 세계대전 때 대형 크기의 폭격기를 만들면서 크게 성장했어요. 그러다가 1958년 등장해 본격적인 제트 여객기 시대를 열었던 보잉 707을 시작으로 737, 747, 777 등 성능이 뛰어나고 안전한 여객기를 연속해서 내놓으면서 세계 여객기 시장을 지배했어요.

보잉 707

보잉 787 ⓒ Markus Schmal / Shutterstock.com

✈ 에어버스의 A300은 여러 나라의 협력으로 탄생했어요

보잉이 세계 여객기 시장을 독차지하는 동안 유럽 국가들도 가만히 있지 않았어요. 유럽 국가들이 힘을 합쳐 보잉과 경쟁하기로 한 거죠. 그렇게 해서 유럽에서 비행기 기술이 가장 뛰어난 프랑스, 독일이 1970년에 에어버스를 만들었어요. 후에 영국과 스페인이 함께하면서 에어버스는 거대한 회사가 되었지요. 이렇게 해서 에어버스는 1974년 최초의 제트 여객기인 A300을 내놓을 수 있었어요.

✈ 에어버스의 아버지, 로제 베테유

프랑스 엔지니어 로제 베테유를 빼놓고는 에어버스를 얘기할 수 없어요. 같은 유럽이지만 전혀 다른 언어와 문화를 가진 국가들이 힘을 합쳐 하나의 여객기를 만들어야 하니 서로 조화롭게 일하는 것이 무엇보다 중요했어요. 하지만 현실은 그렇지 못했지요. 각 국가는 더 많은 비율의 생산 물량을 가져서 자국의 이익을 내세우며 서로 다투기만 했지요. 베테유는 이들을 잘 다독이고 서로의 장점을 살리도록 노력했어요.

각 나라별로 가장 잘할 수 있는 부분을 나누어 만들도록 한 거죠. 프랑스에게는 조종석을, 독일에게는 동체를, 그리고 영국에게는 날개를 만들게 했어요. 이렇게 각 국가가 가장 잘 만들 수 있는 것을 만들다 보니 A300은 성능이 뛰어난 여객기로 만들어질 수 있었지요.

에어버스의 A300 ⓒ Andrey Khachatryan / Shutterstock.com

에어버스의 A350 ⓒ Tanhu / Shutterstock.com

10부
비행기와 여행

10부는 신나는 비행기 여행을 이야기해요. 우리가 비행기 여행할 때 모르고 지나가는 부분과 궁금한 점들을 명쾌하게 답해줄게요. 여권 표지색은 주로 파란색과 녹색, 붉은색, 검정색 계열로 나뉘어요. 대체로 유럽과 공산주의 국가는 붉은색 계열, 이슬람 국가는 녹색, 중남미는 파란색, 아프리카는 검은색을 많이 써요. 비행기 표는 항공사에서 사는 것보다 여행사에서 사면 훨씬 싸요. 경유는 경유 도시에 같은 비행기를 다시 타는 트랜싯, 경유 도시에서 아예 다른 비행기로 갈아타는 트랜스퍼, 경유지에서는 하루 또는 며칠씩 머무는 스톱오버로 나눠요.

해외로 나가기 위한 신분증과 통행권, 여권과 비자

✈️ 해외에 나갈 때 여권은 반드시 필요하지만 비자는 없어도 되는 경우가 있어요

여권은 신분증이에요. 한 나라의 국민이라는 사실을 확인해주는 표시예요. 비자를 받을 때, 비행기 표를 끊을 때, 큰돈을 환전할 때도 필요해요.

비자는 허가증이라고 할 수 있어요. 방문하고자 하는 나라에 들어가기 위한 통행권이에요. 여권이 있는 사람에게 해당 국가에서 발행해줘요. 우리나라에서 미국에 가려면 미국 비자를 받아야 하지요.

두 나라가 비자를 면제해주기로 약속한 곳에 한해서 비자 없이도 방문할 수 있어요. 안정되고 믿을 만한 나라들만 면제를 해주죠. 비자 없이 갈 수 있는 나라의 수를 계산해서 여권 영향력을 평가하기도 해요. 2017년 여권 순위에서 우리나라 여권은 세계 6위에 올랐어요. 153개 나라를 비자 없이 여권만 가지고 다닐 수 있어요. 1위는 158개국이 가능한 독일이 차지했어요. 현지에 가서 비자를 받을 수 있는 나라까지 포함하면 우리나라 여권으로 세계 170개 나라를 비자 없이 갈 수 있답니다.

 여권은 성경에도 나올 정도로 역사가 오래됐어요

성경에도 여권 역할을 하는 친서를 받아서 여행을 했다는 이야기가 나와요. 중세 시대 아랍 지방에서는 세금을 납부한 증서가 여권 역할을 했다고 해요. 중세 유럽에서도 항구나 도시의 관문을 통과할 때에는 신분증명서를 보여줬어요.

미국에서는 1796년에 국무장관이 서명한 여권을 처음으로 발급했어요. 초기 여권은 문서였어요. 1920년대 들어 지금 같은 작은 책자 형태로 바뀌었지요.

우리나라에서는 대한민국 정부 수립 이전에는 집조라는 문서가 여권 역할을 했어요. 도산 안창호 선생님도 미국을 방문할 때 집조를 발급받았다고 해요. 1949년에는 해외여행 규칙에 맞춰서 여권을 발급하기 시작했어요. 현재 보관 중인 가장 오래된 대한민국 여권은 1951년 만들어진 이홍종 대위의 여권이에요.

여권에 들어가는 사진에는 규정이 있어요

셀카로 찍고 예쁘게 수정한 사진을 넣고 싶어도 조건에 맞지 않으면 넣을 수 없어요. 흰색 배경에 정면을 바라보고 귀가 나와야 하고, 어깨선이 수평을 이룬 자세여야 해요. 머리카락이나 구레나룻이 일부러 얼굴을 가린 듯한 사진은 안 돼요. 테가 두꺼운 안경도 끼면 안 되고, 모자나 머플러도 착용할 수 없어요. 가발은 항상 착용하는 사람에 한해서 허용해줘요.

여권 표지 색은 나라마다 달라요

주로 파란색과 녹색, 붉은색, 검정색 계열로 나뉘어요. 대체로 유럽과 공산주의 국가는 붉은색 계열, 이슬람 국가는 녹색, 중남미는 파란색, 아프리카는 검은색을 많이 써요. 우리나라 여권은 3종류인데 일반은 녹색, 관용은 붉은색, 외교관은 남색으로 구분해요. 여권은 한 번 발급받을 때마다 보통 5년, 10년의 기간을 선택할 수 있어요. 여권의 유효기간이 6개월 이하면 재발급받아야 해요. 어떤 나라에서는 유효기간이 6개월 이하인 여권은 입국을 허가해주지 않기도 해요. 여권에는 영문 이름도 적는데 바꾸기가 쉽지 않기 때문에 신중하게 적어야 해요.

공항에서의 입국 심사 모습

비행기 표는 왜 가격이 다양하지요?

 비행기 표는 정가가 정해져 있지 않아서 가격이 다양해요

항공사와 비행기의 기종마다 다르고, 출발 시기나 조건에 따라서 비행기 표의 가격 차이가 커요. 비행기에 300명이 탔다면 가격도 300종류라는 말이 있을 정도예요. '제값을 주고 표를 사는 사람은 10%도 되지 않는다'는 말이 있을 정도로 비행기 표 할인도 많이 이뤄져요.

비행기는 가격이 비싸요. 어떤 기종은 수천억 원씩 해요. 한 번 운행할 때에도 먼 거리를 다니기 때문에 비용도 많이 들어요. 대형 비행기도 한 번 운행할 때 300~500명 정도만 탈 수 있어요. 비용이 많이 들기 때문에 승객 1명이 부담해야 하는 금액이 커요.

 **서울에서 미국 뉴욕 왕복 비행기 표 값(대한항공 기준)**
평균 190만 원 정도예요. 비즈니스석은 690만 원, 일등석은 1,270만 원이나 하죠.

 **출발할 때보다 돌아올 때 싸요**

국적기는 출발할 때에는 자국 국민이 많이 이용하기 때문에 표를 비싸게 팔아요. 그런데 도착지에서 돌아올 때에는 상황이 반대가 돼요. 대

한항공이 미국에서 돌아온다고 하면, 현지에서는 외국 항공사가 되죠. 미국 사람들은 이용이 편한 자기 나라 비행기를 타려고 해요. 대한항공의 경우 자리가 빈 채로 오는 것보다는 싸게 팔더라도 자리를 채우는 게 이득이에요. 우리나라에서는 대한항공이나 아시아나 항공을 비싸게 이용하는데, 미국 교포들은 싸게 이용해요.

🚁 비행기 표는 항공사에서 사는 것보다 여행사에서 사면 훨씬 싸요

여행사 모습
© withGod / shutterstock.com

항공사는 대부분 정가로 표를 팔아요. 그런데 항공사가 전 세계에 직접 표를 팔 수는 없어요. 여행사에게 표를 넘겨서 팔도록 한답니다. 여행사는 대량으로 표를 사기 때문에 좀 더 저렴하게 표를 사와요. 일정 인원 이상 표를 팔면 무료 표를 추가로 받기도 해요.

여행사는 여행객을 모집하기 때문에 비행기 표가 필요한 사람을 많이 모을 수 있어요. 그만큼 표 값은 더 싸져요. 팔 때 받는 수수료를 덜 받는 식으로 표 값을 더 낮추기도 하지요. 여행사는 비행기 표를 싸게 팔더라도 호텔이나 관광 상품에서 이익을 얻으면 되기 때문에 항공사보다 싸게 팔 수 있어요.

✈️ 편도보다 왕복이 싸요

생각하기에는 편도 표는 왕복표의 절반이어야 하는데 그렇지 않아요. 보통 절반 이상이고, 심하면 왕복표보다 편도 표가 비싼 경우도 있어요. 왕복표는 돌아오는 비행기가 어차피 운행되기 때문에 싸게 해서라도 파는 게 이익이에요. 편도는 왕복에 비해 수요가 많지 않기 때문에 값이 올라요.

유효기간이 짧은 비행기 표는 가격이 싸요. 이 표를 산 사람은 일정을 변경할 가능성이 낮기 때문에 항공사 입장에서는 관리하는 비용이 줄어들어요. 여행객이 적은 비수기에는 표가 싸고, 일찍 예약할수록 싼 표를 구할 수 있어요.

마일리지를 적립하면 비행기를 공짜로 탈 수 있어요

 ### 비행기도 쿠폰이나 포인트와 비슷한 마일리지가 있어요

마일은 거리를 나타내는 단위이고, 마일리지는 이동한 거리를 가리켜요. 비행기를 타고 간 거리에 따라서 주기 때문에 마일리지라고 불러요. 비행기를 여러 번 타면 적립된 마일리지를 이용해 공짜 비행을 할 수 있는 기회가 생겨요.

 ### 마일리지는 항공사의 필수 프로그램이에요

마일리지의 시초는 1980년 미국 캘리포니아의 웨스턴 항공이라는 항공사예요. 그때는 '50달러 여행 패스'라는 쿠폰을 줬어요. 샌프란시스코-로스앤젤레스 노선을 이용하면 쿠폰에 구멍을 뚫어주고, 다음에 이 노선 항공권을 살 때 쿠폰을 보여주면 50달러를 깎아줬어요.

1년 후에는 아메리칸 항공이 컴퓨터로 탑승 실적을 관리하는 마일리지 프로그램을 선보였어요. 이 프로그램의 인기 덕에 아메리칸 항공은 이용객이 크게 늘었고 급성장했어요.

 ### 비행사 마일리지는 보통 탑승 거리에 비례해서 적립돼요

서울에서 미국 로스앤젤레스까지 갔다 오는 거리가 대략 1만 마일이라고 한다면, 마일리지를 1만 마일 적립해줘요. 같은 구간이라도 비행기 표 값이 더 비싼 비즈니스석이나 일등석을 타면 더 많이 적립해준답니다.

항공사마다 다르지만 우리나라에서 미국이나 유럽을 마일리지로 가려면 대략 7만 마일이 필요해요. 서울에서 미국이나 유럽을 7번 정도 돈을 내고 갔다 오면 한 번은 같은 지역을 갈 수 있는 공짜표가 생기는 거예요. 국내선의 경우는 편도 마일리지가 5,000마일이에요. 서울에서 미국이나 유럽을 갔다 오면 제주도를 왕복해서 갔다 올 수 있는 마일리지가 쌓이죠.

항공 동맹은 뜻이 맞는 항공사들의 공동체예요

같은 항공사를 계속 이용해야 마일리지를 쌓기 쉽기 때문에 비행기를 자주 타는 사람이라면 같은 항공사를 이용하는 게 유리해요. 하지만 모든 항공사가 모든 노선을 다니는 것은 아니기 때문에 항공사 동맹을 이용하면 다른 항공사의 비행기를 타고도 마일리지를 쌓을 수 있어요.

대한항공이 속한 스카이팀, 아시아나 항공이 속한 스타 얼라이언스 외에도 원월드와 밸류 얼라이언스 등 여러 항공 동맹이 있어요. 스카이팀에 속한 에어 프랑스 비행기를 타고 적립된 마일리지로 대한항공 비행기를 탈 수 있어요. 반대로 대한항공 마일리지를 이용해 에어 프랑스 비행기를 탈 수도 있어요.

항공 동맹은 회원사끼리 노선을 공유하기도 해요. 자신들이 취항하지 않는 도시에 다른 회원사가 취항한다면 그 노선을 자신들 노선처럼 이용할 수도 있어요. 이를 코드셰어 공동운항라고 해요. 한 항공사가 다른 항공사의 좌석을 빌려 자기 회사 이름으로 판매하는 표를 말해요. 예를 들어 대한항공이 남미에 취항하지 않는데, 남미 가는 표를 팔고자 한다면 남미에 취항하는 다른 항공사의 자리를 대한항공 표로 파는 거예요. 반대로 외국 항공사 표를 샀는데 우리나라 비행기를 타는 경우도 생긴답니다.

두바이 국제공항
© Sorbis / Shutterstock.com

직항과 경유 노선을 이용하는 방법

 트랜싯과 트랜스퍼, 스톱오버

목적지까지 가는 가장 빠른 길은 직접 가는 직항이에요.

목적지로 직접 가는 항공편이 없기 때문에 다른 곳을 들러서 가는 경유가 있어요. 부산에서 미국 로스앤젤레스를 직접 가는 비행기가 없으면 비행기를 타고 인천공항에 가서 갈아타야 해요. 경유는 공항에 머물렀다가 다른 비행기를 타는 것이에요.

경유는 경유 도시에 내렸다가 같은 비행기를 다시 타는 트랜싯, 경유 도시에서 아예 다른 비행기로 갈아타는 환승을 뜻하는 트랜스퍼로 나뉘어요.

경유지에서는 짧게는 하루, 길게는 며칠씩 머물 수도 있어요. 이를 스톱오버라고 해요. 스톱오버 기간은 나라마다 달라서 1일 이상~90일 정도 머물 수 있어요. 이때에는 정식으로 입국 심사를 받고 나가죠. 짐도 찾았다가 다시 부쳐야 해요. 연착 등으로 연결 비행기가 없어서 그런 경우도 있고, 경유지 관광을 위해 일부러 스톱오버를 이용하기도 해요.

✈️ 일부러 경유 편을 이용하는 경우도 있어요

멀리 돌아가고 시간도 많이 걸리지만 비행기 표 값이 직항에 비해서 싼 편이기 때문이죠. 어떨 때는 절반 이상 싸기도 해요. 더 먼 거리를 날아가면 기름도 많이 들고 해서 비싸야 할 텐데 이상하죠. 직항으로 자리를 다 채우기 어려운 노선에서는 중간에 손님을 더 태우기 위해서 경유지에 들렀다 가곤 해요.

첫 출발지에서 타는 사람들은 시간이 많이 걸리고 갈아타야 하는 불편이 따르기 때문에, 가격을 싸게 해서 손님을 끌어들여요. 비행기는 손님이 1명이라도 있으면 무조건 운항을 해야 해요. 싸게 해서라도 손님을 많이 채우는 게 이득이랍니다.

서로 다른 비행기를 이용해서 환승을 하면 이런 가격 장점이 없어져요. 두 노선 모두 제값 주고 타는 게 되기 때문에 직항보다 비싸게 가야 해요.

> **환승 고객을 위한 서비스**
>
> 세계의 각 공항은 짧게는 몇 시간에서 길게는 하루 이상 공항에 머물러 있어야 하는 환승 고객을 위해 다양한 서비스를 마련해두고 있어요. 쇼핑센터는 물론이고 샤워실과 마이크로호텔, 키즈존, 식당과 카페 등 기본적인 편의시설이 있죠. 또 위급한 상황을 대비해 병원과 약국을 설치한 공항도 있고, 영화관이나 스케이트장, 헤어숍 등이 있는 경우도 있어요.

🚁 환승할 때 비행기를 놓치는 경우도 있어요

비행기가 늦게 도착해서 연결 편으로 갈아탈 시간이 부족한 경우도 있고, 비행기를 갈아타는 게이트가 바뀌었는데 방송을 못 들어서 놓치는 경우 등 다양한 일이 생길 수 있죠. 이럴 때는 바로 다음 편 비행기 표를 다시 끊어야 해요. 다음 편에 자리가 없거나 그날 운행이 끝났다면 다음 날 비행기로 예약해야 하기도 해요. 본인이 잘못한 경우에는 수수료를 더 내야 하는 일도 생기고 어쩔 수 없이 공항에서 오랜 시간을 기다려야 하기도 해요.

싱가포르 창이 국제공항
ⓒ Vietnamese Photographer / shutterstock.com

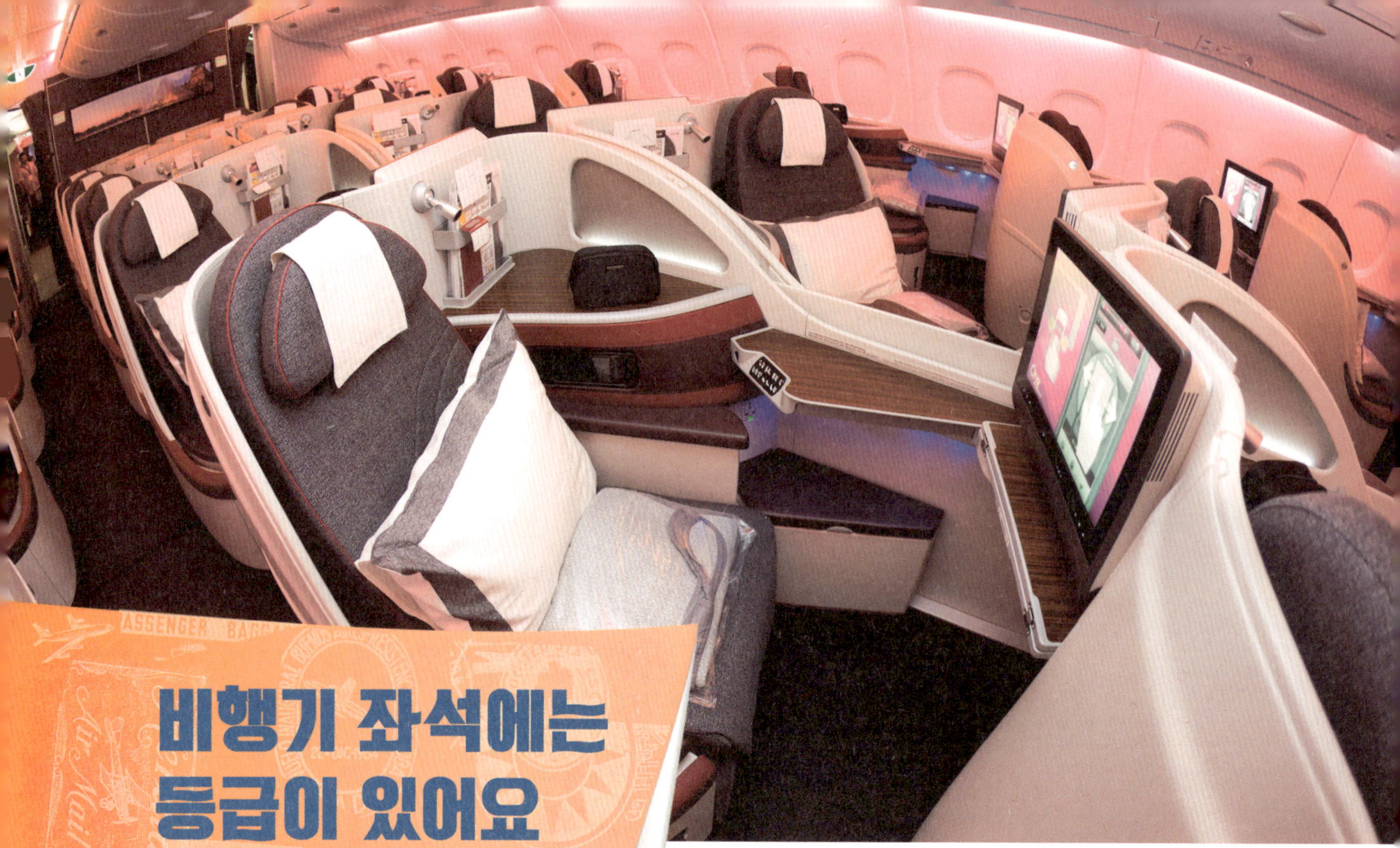

카타르 항공(A380)의 비즈니스석
ⓒ Dmitry Birin / Shutterstock.com

 비행기 좌석에는 등급이 있어요

비행기 좌석은 보통 일반석(이코노미), 비즈니스석, 일등석(퍼스트)으로 나뉘어요. 일반석은 가장 기본적인 좌석이에요. 자리가 촘촘하고 좁아서 불편하지만 가격은 가장 저렴하죠. 비즈니스석은 일반석보다 크고 넓은 의자를 여유롭게 배치해요. 일등석은 비즈니스석보다 더 여유로운 공간을 확보해요.

비행기 표 가격은 비즈니스석이 보통 일반석의 3~4배, 일등석은 일반석의 5~6배 정도 비싸요. 가격 차이가 나는 만큼 서비스도 달라요. 비즈니스석이나 일등석은 일반석과는 분리된 구역에 위치해요. 전담 승무원이 배치되고 식사도 더 좋게 제공하지요. 시트도 침대처럼 눕힐 수 있어서 잘 때도 편해요.

 **등급에 따른 좌석은 항공사에서 구성하기 나름이에요**

비행기 전체를 일반석으로만 채울 수도 있어요. 현재 가장 큰 비행기인 A380의

경우 일반석으로만 채우면 555석을 넣을 수 있죠. 일등석과 비즈니스석의 좌석 배치나 공간 구성도 항공사마다 다 달라요. 어떤 항공사는 일등석을 방으로 구성해서 마치 호텔처럼 꾸며놓기도 했어요. 샤워실을 따로 갖춘 곳도 있어요. 대한항공의 A380은 일등석 12석, 비즈니스석 94석, 일반석 301석으로 구성해요. 2층은 전체가 비즈니스석이죠. 아시아나 항공은 일등석 수는 같지만 비즈니스석 66석, 일반석 417석으로 달라요.

비행기 좌석은 비행기 기종에 따라서도 차이가 커요

장거리 노선은 오래 타야 하는 만큼 일등석과 비즈니스석을 편하고 화려하게 꾸미는 경향이 있어요. 단거리 노선은 비행시간이 짧기 때문에 일등석과 비즈니스석도 간단하게 꾸미는 경우가 대부분이에요. 작은 비행기의 일반석은 아주 비좁지만 A380 같은 큰 비행기는 일반석이라도 공간에 여유가 있어요. 작은 비행기의 비즈니스석보다도 A380의 일반석이 더 좋은 경우도 있어요.

카타르 항공(A380)의 일등석
ⓒ Dmitry Birin / Shutterstock.com

일반석도 위치에 따라서 편한 자리가 있어요

비행기에는 사고가 났을 때 탈출하는 비상구가 있어요. 여러 사람이 한꺼번에 나가야 하기 때문에 통로 확보를 위해 비상구 앞쪽은 공간이 넓어요. 비상구 바로 앞에 있는 자리는 다리를 뻗을 수 있을 정도로 공간이 넓어요. 이곳에는 비상시에 승객 탈출을 도와야 하기 때문에 신체 건강한 성인에게 우선적으로 자리를 준대요. 승무원과 의사소통을 해야 하기 때문에 영어를 할 줄 아는 사람을 앉히는 항공사도 있어요.

카타르 항공(A380)의 일반석
ⓒ Dmitry Birin / Shutterstock.com

일반석이 시작하는 맨 앞자리도 다리를 뻗기에 좋은 자리예요. 여기에는 유아시트를 걸 수 있기 때문에 아기를 동반한 승객이나 임산부, 장애인에게 우선권을 줘요. 탑승 절차를 밟을 때 개인의 선호도에 따라 창가와 복도 자리를 요청할 수 있어요. 보통 뒤쪽은 엔진 소음과 난기류로 인한 흔들림 때문에 앞쪽보다 불편해요.

비행 중에는 손발이 붓고 귀가 멍해요

 ### 우리 몸은 땅 위에 있을 때 가장 편안해요

바다나 수영장에서 수영할 때에는 물안경 없이 눈을 뜨기 힘들어요. 깊은 물속에 들어가면 수압 때문에 온몸이 눌려서 갑갑하지요. 높은 산에 올라가면 공기가 부족해서 숨쉬기 힘들어져요. 우주에서는 아예 공기가 없어서 우주복을 입지 않으면 살 수 없어요.

비행기도 높게는 10km 정도 높이까지 올라가요. 공기가 적고 온도가 아주 낮아지기 때문에 비행기 안은 적당한 온도를 유지하고 숨쉬기 편할 정도로 공기를 공급해요. 기압이 낮기 때문에 실내 압력도 생활하기 적당한 정도로 높이지요.

 ### 지상과 같은 조건을 유지하는 비행기

비행기 안 공기는 여압 장치라는 기계로 압력을 맞춰요. 간혹 이 장치가 고장 나면 낮은 고도로 내려와야 해요. 뉴스에서도 가끔 여압 장치가 고장 나서 비상착륙하거나 출발지로 다시 돌아가는 비행기를 볼 수 있어요.

비행기 안의 기압은 보통 1,500~2,500m 높이의 기압과 비슷해요. 백두산₂,₇₄₄m 높이 정도인데, 생활하기에는 불편하지 않아요. 그렇지만 땅 위보다는 기압이 낮기 때문에 우리 몸은 바깥으로 팽창하려고 해요. 그래서 비행기를 오래 타면 손발이 붓는답니다. 배 안에 있던 공기도 압력을 맞추기 위해 팽창하기 때문에 배가 빵빵해지고 속이 더부룩해져요.

압력 차이는 빠른 속도로 고도가 변하는 이륙과 착륙을 할 때 크게 발생해요. 귓속 압력을 조절하는 유스타키오관이 기내 압력 차이를 따라가지 못해서 귀가 막혀요. 충치 속에 구멍이 있다면 치통이 생겨요. 압력 차이를 없애기 위해 충치 구멍 속 공기가 팽창하기 때문이에요.

© Zety Akhzar / shutterstock.com

🚁 비행기 안은 공기가 아주 건조해요

비행기 안에서는 적정 온도를 유지하기 위해 에어컨을 계속 틀어놓고, 습도를 10~20% 정도로 낮춰요. 사막이 20% 정도이니 사막보다도 건조한 셈이죠. 습도가 높으면 비행기 동체가 부식하거나 전자 장비에 영향을 줄 수 있어요. 또 많은 사람이 탄 좁은 공간에서 습도가 높으면 곰팡이와 세균이 번식하기도 쉽죠.

공기가 건조하면 콧속이나 목구멍에 점액이 말라서 감염되기 쉬워요. 혓바닥의 맛을 느끼는 미뢰도 둔해져서 음식 맛을 제대로 느낄 수 없답니다. 기내식이 맛이 없다는 생각이 들기도 해요. 기내식을 지상에서 먹을 수 있다면 비행기 안에서보다 더 맛있을 거예요. 피부도 건조해져서 트고 갈라져요.

✈ 비행기 안에서는 물을 자주 마시고 피부에도 로션을 발라주면 좋아요

비행기는 10시간 이상씩 타기도 하기 때문에 신진대사가 활발하지 못하고, 소화기능도 떨어지므로 변비가 생기기도 해요. 비행기 타는 일은 신나고 즐거운 일이지만, 우리 몸은 다른 환경을 겪으면서 나타나는 변화를 이겨내야 하는 힘든 시간이기도 해요.

하늘에서 즐기는 음식, 기내식

 비행시간에 따라 정해진 식사를 제공해요

비행시간이 길면 완전한 식사가 나오고, 비행시간이 짧으면 간편식이 나와요. 비행기 표 값에는 식사 비용도 포함돼 있어요. 저가 항공은 식사 비용을 따로 받기도 해요. 식사 외에도 음료와 주류, 간식, 아이스크림 등 먹을거리를 준비해놓고 요청하는 사람에게 주기도 하죠.

승객들의 기내식 취향은 미리 알 수가 없어요. 어느 한 메뉴에 선택이 몰리면 수량이 부족해지는 경우가 생기기도 하죠. 기내식 서비스 순서에 따라서 나중에 서비스를 받으면 원하는 메뉴를 먹지 못하기도 해요. 메뉴가 같더라도 가는 비행기와 오는 비행기의 기내식은 맛이나 식감이 다르기도 해요. 기내식은 출발하는 국가에서 만드는 게 원칙이에요. 우리나라에서 출발하면 우리나라에서 만든 비빔밥을, 미국에서 우리나라로 오는 비행기에서는 미국에서 미국산 재료로 만든 비빔밥을 싣게 되지요.

특별 기내식은 미리 신청해야 해요

비행기 기내식은 지상에서 먹는 음식과는 조금 달라요. 비행기 안에서는 요리를 하기 힘들고 식사 서비스도 짧은 시간에 신속하게 이루어져야 해요. 미리 준비한 음식을 데워서 나가는 경우가 대부분이죠. 보통 메뉴는 한 끼에 2~3개로 구성돼요. 그중에서 골라 먹을 수 있답니다. 항공사마다 다르고 시기에 따라서 메뉴가 바뀌어요. 여러 나라 사람이 함께 타기 때문에 모두의 입맛에 맞는 대중적인 음식을 준비하죠. 항공사가 속한 나라의 음식을 준비하기도 해요. 우리나라 비행기에서 제공하는 비빔밥은 외국인에게도 인기가 많아요.

특별한 음식을 준비하기도 해요. 어린이 입맛에 맞는 음식, 돼지고기나 소고기를 먹지 않는 나라 사람들을 위해서 고기를 뺀 음식, 채식주의자를 위한 채식 위주 음식을 만들기도 해요. 이런 음식은 비행기를 타기 전에 미리 신청해야 한답니다.

> **비행기에서는 제한된 술을 제공해요**
>
> 뉴스를 보면 종종 비행기 안에서 술에 취해 난동을 부린 사람의 이야기가 나오곤 해요. 비행기에서는 술을 제공하기도 해요. 하지만 원하는 대로 다 주지는 않고, 횟수를 제한해요. 비행기에서는 기압이 낮고 산소도 부족해 평소보다 훨씬 많이 취하기 때문이에요. 비행기에서 음주 난동을 부리는 사람들은 대부분 탑승 전부터 취해 있는 경우가 많아요.

좌석 등급에 따라서 메뉴가 달라져요

비즈니스석이나 일등석 승객은 많은 돈을 지불했기 때문에 서비스도 그만큼 좋죠. 일반석과 달리 코스 식사를 제공해요. 마치 고급 식당에서 코스 요리를 먹는 것과 같죠. 요리 종류도 일반석과 다르답니다. 어떤 항공사는 일등석 승객을 위해 요리사를 태워서 직접 요리하는 곳도 있어요. 기내식도 항공사의 경쟁력이기 때문에 일반석 요리도 메뉴를 개발할 때 유명 요리사가 참여하기도 해요. 비즈니스석이나 일등석도 비행 거리가 짧은 곳은 장거리 노선보다 메뉴가 좋지 않은 경우도 있어요.

© Prometheus72 / shutterstock.com

어린이 혼자 비행기를 탈 수 있나요?

 요즘에는 우리 어린이도 해외에 나가는 일이 많아요

방학 때 어학연수나 캠프를 가거나 외국에 사는 친척 집에 다녀오기도 해요. 부모님이 바쁘거나 다른 이유로 어린이 혼자 갈 일이 생겼을 때 이용할 수 있는 서비스가 있어요. 혼자서 다닐 용기만 있다면 비행기를 타고 외국으로 나가는 일은 어렵지 않아요.

 **어린이가 보호자 없이 비행기에 탈 수 있는 제도가 있어요**

원칙적으로 보호자 없이 어린이 혼자 떠나는 비행기 여행은 위험하기 때문에 불가능해요. 대신 부모님이 허락하면 혼자 탈 수 있게 하는 제도가 있어요. '비동반 소아 서비스'죠. 이때에도 마음대로 할 수 있는 것은 아니에요. 비동반 소아 서비스는 5세 이상~12세 미만 어린이를 대상으로 해요. 만 5세 미만은 아예 혼자 여행할

수 없어요. 비동반 소아 서비스를 이용하려면 부모님이 항공사가 정한 절차를 따라야 해요.

12세~18세 미만의 청소년은 혼자 여행할 수도 있지만 필요한 경우에는 이 서비스를 이용할 수 있어요. 나이 기준은 항공사마다 달라요. 어떤 항공사는 2세 이상~14세 미만을 기준으로 정하기도 해요.

〈엄마 찾아 삼만 리〉

〈엄마 찾아 삼만 리〉는 오래 전 우리나라에도 방영된 적이 있는 일본 애니메이션 영화예요. 이탈리아에서 태어난 아홉 살 소년인 주인공 마르코가 어린 나이에 홀로 아르헨티나로 일하러 간 엄마를 찾으러 간다는 내용이지요. 결국 힘들지만 엄마를 만나게 되는 행복한 결말이에요. 마르코처럼 어린이 혼자 바다 건너 먼 외국에 가는 것은 만화라서 가능한 일이에요.

비동반 소아 서비스는 보통 출발 24시간 전에 신청해야 해요

비동반 소아 서비스는 어린이를 위한 서비스이지만 비행기 표 값은 어른과 같아요. 항공사에서 보호해주는 수수료를 받기 때문이에요. 비행기에 탈 어린이는 보호자와 함께 공항에 가서 항공사 직원을 따라가면 돼요. 비행기를 타고 내릴 때까지 항공사 직원이 보호해줘요. 갈아탈 때에도 항공사 직원이 데려다줘요. 같은 비행기에서 부모님은 비즈니스석에 타고 아이들은 일반석에 타는 경우에도 이 서비스를 이용해야 해요. 법으로 정한 보호자가 아닌 다른 보호자랑 여행할 때에도 이 서비스가 필요해요.

도착할 공항에는 항공사에 미리 알려준 현지 보호자가 마중 나와 있어야 해요. 항공사마다 다르지만 비동반 소아 서비스를 이용하는 어린이는 눈에 잘 띄게 목걸이나 배지를 달아요.

비행기를 갈아탈 때는 조건에 맞아야 이용할 수 있어요

비행기를 갈아타야 하는 경우에는 길을 잃어버릴 수도 있어요. 갈아타는 경우에는 항공사마다 조건이 다른데, 보통 갈아타는 시간이 짧고 쉬운 경우에만 이 서비스를 이용할 수 있어요.

반려동물과 함께 비행기 타기

 항공사마다 반려동물 관련 규정이 달라요

항공 여행에 함께할 수 있는 반려동물은 태어난 지 8주 이상 된 개와 고양이, 그리고 새만 가능해요. 8주 이하의 어린 반려동물은 기내 탑승이든 수하물로든 여행을 함께할 수 없어요. 반려동물이 너무 어리면 스트레스를 잘 견딜 수 없기 때문이에요. 크게 울어서 승객들에게 불편을 줄 수도 있고, 스트레스에 민감한 어린 반려동물은 심각한 병에 걸릴 수도 있기 때문이죠.

반려동물의 운송료는 항공사마다 달라요. 대한항공의 경우 5kg 이하_{기내 탑승, 케이지 무게 포함}는 2만원, 32kg 이하_{수하물 탑승}는 3만원의 정액 요금제로 적용해요.

 개, 고양이, 새만 가능해요

안타깝게도 개, 고양이, 새가 아닌 거북, 이구아나 같은 특이한 반려동물은 무게나 나이에 관계없이 여객기의 화물칸에조차 탑승이 되질 않아서 화물기를 별도로 이용해야 해요.

개, 고양이, 새와 함께하더라도 다른 나라로 가는 국제선은 입국 몇 개월 전부터 해당 국가에서 정한 각종 예방접종 등 까다로운 검역 절차를 밟아야 해요. 동물로부터 전파되는 전염병 등을 예방하기 위해서죠. 국내선은 비행시간이 길어야 1시간을 넘지 않기 때문에 국제선에 비하면 규정이 덜 까다로운 편이에요.

반려동물을 위한 특별 여행 상품

반려동물 관련 문제가 생기자 일본의 항공사인 전일본공수는 애견인만 탑승객으로 예약을 받아서 다른 승객의 불편함을 걱정하지 않고도 기내에 반려동물과 함께 탑승하는 상품을 내놓았어요. 여기에는 수의사도 함께 탑승시켜 혹시나 아픈 반려동물이 있다면 돌볼 수 있게 했어요.

 반려동물과 비행기를 함께 타면 에티켓을 지켜야 해요

반려동물을 키우지 않거나 냄새에 민감한 승객은 반려동물을 불편해할 수 있어요. 털 알레르기가 있는 승객은 계속 재채기를 하게 되어서 구역이 다른 비즈니스석으로 옮겨달라고 요구하는 경우도 있어요. 또 털이 날려서 기내식을 못 먹겠다고 불만을 터뜨리는 승객도 있답니다.

맹인안내견은 예외랍니다

눈이 보이지 않는 맹인과 언제나 함께하는 맹인안내견은 주인의 일부로 간주하기 때문에 크기와 견종에 관계없이 객실에 함께 탑승해요. 혹시 기내에 커다란 개가 앉아 있다면 맹인안내견일 가능성이 커요. 맹인안내견은 아주 오랫동안 철저하게 훈련을 받기 때문에 공공장소에서도 함부로 짖거나 다른 사람에게 피해를 주지 않으니 걱정하지 않아도 된답니다.

비행기로 옮겨지는 케이지 안의 동물들

비행기가 뜬 후 3분, 내리기 전 8분이 가장 위험해요

 '마의 11분'을 조심해야 해요

비행기 사고는 이륙할 때와 착륙할 때 가장 많이 생겨요. 이륙 후 3분, 착륙 전 8분이 가장 위험하기 때문에 이 시간은 '마의 11분'이라고 불러요. 실제로 이때 일어나는 사고가 전체 비행기 사고의 80% 정도라고 해요.

이륙 후 3분 동안은 비행기 엔진이 갑자기 힘을 잃을 수 있고, 새가 엔진에 빨려 들어가는 일이 생기기도 해요. 착륙 전 8분은 착륙하기 위해 각종 기기를 많이 조작하기 때문에 위험이 발생할 확률이 높아져요.

마의 11분 동안은 위험이 발생해도 곧바로 해결하기 힘든 경우가 대부분이에요. 비행기가 단시간에 위아래 또는 아래위로 급격하게 움직이기 때문에 예측할 수 없는 상황이 발생하는 탓이에요. 비행기가 추락하는 경우 어느 좌석이 더 위험한지 판단하기는 쉽지 않아요. 다만 앞쪽부터 부딪히는 사고가 많기 때문에 뒷좌석이 상대적으로 안전하다고 해요.

 이착륙 때 안전 수칙과 그 이유

비행기에서도 안전벨트가 중요해요 안전벨트는 이착륙 때는 물론이고, 아닐 때에도 매고 있는 게 좋아요. 난기류를 만나 기체가 흔들리면 자리에서 튕겨 나갈 수도 있거든요.

이착륙 때 등받이를 바로 세우고 테이블을 원위치에 놓아요 비행기 좌석은 앞뒤 간격이 좁기 때문에 사고가 났을 때 이동할 수 있는 공간을 최대한 확보하기 위해서예요. 등받이가 뒤로 기울어 있거나 테이블이 튀어 나와 있으면 뒷사람이 더 크게 다치기 때문이에요.

창문 가리개를 다 열어놓아야 해요 사고가 났을 때 바깥 상황을 바로 알 수 있도록 하려는 거예요. 밀폐된 비행기 안에서는 공감각 능력이 둔해지기 때문에, 창문을 닫아놓은 채로 사고가 나면 곧바로 대처하기가 힘들어요.

휴대 전화나 노트북 등 전자기기도 비행기 모드로만 사용해야 해요
전자파가 첨단 전자장비 가득한 비행기 시스템에 오작동을 일으킬 가능성이 있기 때문이에요. 비행기 모드로 해놓으면 모든 구간에서 사용할 수 있어요.

비행기 안의 불을 다 꺼야 해요 영화관에 불 꺼진 다음에 들어가면 아무것도 보이지 않아서 자리 찾기 힘들었던 경험을 해봤을 거예요. 시간이 좀 지나야 눈이 어둠에 적응하고 잘 보이기 시작해요. 어두운 밤에 비행기 사고가 일어났을 때도 잘 보여야 바로 대처할 수 있어요. 그래서 우리 눈이 미리 어둠에 적응하라고 이착륙 때에는 불을 끈답니다.

새 때문에 사고가 나기도 해요

'새가 부딪힌다'는 뜻의 '버드 스트라이크'라는 말이 있어요. 새가 엔진으로 빨려 들어가면 사고 위험이 아주 커져요. 새는 주로 활주로에서 많이 부딪혀요. 활주로는 새가 살기 좋은 환경이기 때문에 새들이 많고, 비행기가 출발할 때 놀라서 새들이 한꺼번에 날아올라 비행기에 부딪힐 확률이 높아져요. 새를 쫓아내는 일은 공항의 주요 업무이기도 해요. 항공기뿐 아니라 제트기 등 군용 비행기도 새들 때문에 골치를 썩는답니다.

© Rebius / shutterstock.com

번개 맞을 확률보다 낮은 비행기 사고

 비행기 사고는 일어날 확률이 엄청 낮은데 두려움이 커요

비행기는 출발하기 전에 안전 점검을 철저히 하고, 날씨가 조금만 이상해도 출발하지 않아요. 이런 노력 덕분에 비행기 사고가 날 확률은 0.00001%라고 해요. 자동차 사고로 죽거나 벼락을 맞거나 음식이 목에 걸려 죽을 확률보다 낮다고 해요.

비행기 추락 사고의 생존율은 95% 정도 된대요. 사고 발생 확률도 낮고 생존율도 높은데 비행기 사고에 대한 두려움은 커요. 높은 곳에서 떨어진다는 상상과 뉴스 등에서 대형 사고만 보도되기 때문에 고통스럽고 끔찍하다는 인식이 생겨서 그렇대요.

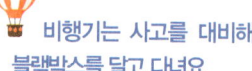 **비행기는 사고를 대비해 블랙박스를 달고 다녀요**

1,000도가 넘는 뜨거운 온도와 3,500배 압력을 견딜 수 있는 블랙박스 안에는 칩이 들어 있어요. 그 칩에 비행기 운항 정보와 조종실에서 일어나는 대화가 녹음되죠. 사고가 나면 블랙박스를 찾아 사고 원인을 분석해요.

 **비행기 사고가 발생하는 이유는 다양해요**

비행기는 기상 악화, 기체 결함, 조종사 실수, 연료 부족 등으로 사고가 나기도 하고 테러나 군용기로 오인한 미사일 공격을 받아 추락하기도 해요. 자동차처럼 비행기끼리 부딪히기도 하지요. 활주로에서 움직이던 2대가 충돌하기도 하고, 공중에서 부딪히는 경우도 있어요. 비행기는 다른 비행기와 서로 가까워지지 않도록 경고하는 공중충돌 방지 장치를 달아요. 비행기는 속도가 빠르고 덩치가 크기 때문에 수백m만 가까워져도 자동차끼리 스쳐 지나가는 것처럼 아주 가깝게 붙었다고 본답니다.

날씨가 그리 나쁘지 않은데도 비행기가 결항되기도 해요

결항 기준이 되는 날씨는 항공사마다 달라요. 기장과 항공사가 운항할지 여부를 결정하기 때문에 같은 기종이라도 항공사마다 또 다르죠. 같은 공항에서 대한항공 비행기는 뜨는데 아시아나 항공 비행기는 결항이 될 수 있고, 반대 경우도 생겨요.

큰 비행기라고 해서 작은 비행기보다 날씨 영향을 덜 받지는 않아요. 비행기에 첨단 기능이 많을수록 악천후에도 날 수 있는 능력이 우수해요. 공항 시설 수준 또는 조종사 능력에 따라서도 운항 여부가 달라져요. 출발지 날씨는 좋더라도 도착지 날씨가 나쁘면 비행기가 뜰 수 없어요. 구름을 뚫고 하늘로 올라가면 날씨가 맑고 잔잔해도 이착륙할 때 사고가 나기 때문에 지상 날씨가 나쁘면 비행기가 뜰 수 없어요.

© Andrey Khachatryan / Shutterstock.com

비행기 운항을 방해하는 화산재

화산재가 엔진에 들어가면 엔진이 멈추기도 해요. 계기판 오작동을 일으키기도 하고 창문에 들러붙어 시야를 가리거나 창문을 손상시켜요. 꼬리 부분에 화산재가 붙어 쌓이면 이착륙 때 문제를 일으키기도 하지요. 2010년에는 아이슬란드 에이야프야틀라이외쿠틀 지역에서 화산이 폭발해 유럽 하늘을 뒤덮었어요. 이때 유럽으로 오고 가는 비행기가 오랜 기간 결항해서 대란이 일어났어요.

못다 한 이야기 ⑩
남북은 계절이 반대이고, 동서로 이동하면 시차가 생겨요

✈ 현실에서는 비행기가 타임머신 역할을 해요

비록 원하는 시간으로 갈 수는 없지만 시간을 거스르거나 앞서갈 수 있죠. 우리나라에서 미국 뉴욕에 가는 경우를 볼까요? 10일 금요일 저녁 7시에 출발해서 14시간을 날아 뉴욕에 도착하면 금요일 저녁 8시예요. 비행기 안에서 14시간이나 있었는데, 시간으로는 1시간밖에 지나지 않았어요. 원래대로라면 토요일 아침 9시에 도착해야 하는데 과거로 간 거죠. 올 때는 또 달라요. 10일 오전 12시에 출발한 비행기는 14시간 후인 10일 오후 2시가 아니라 11일 오전 4시에 도착한답니다. 계산하면 28시간을 날아서 미래로 간 셈이에요.

✈ 시차가 부리는 시간의 마법

비행기의 타임머신 마법은 시간대 때문이에요. 지구는 크고 둥글기 때문에 태양에서 오는 빛이 한꺼번에 지구 전체 표면에 골고루 닿을 수 없어요. 햇빛이 닿는 차이가 곧 시간 차이(시차)가 되죠. 특정한 지점을 기준으로 했을 때 해가 먼저 뜨는 동쪽이 시간이 빨라요. 이런 차이를 반영해서 지구상에는 지역마다 다른 시간대를 정했어요. 우리나라는 국제 표준시보다 9시간 빨라요.

비행기를 타면 빠른 속도로 시간의 경계선을 넘나들어요. 장거리 노선의 경우 시간대가 여러 차례 바뀌어요. 낮에 출발해서 한참을 갔는데 낮이거나, 아니면 반대인 경우도 있고 시간이 뒤죽박죽

돼요. 우리 몸은 현재 사는 곳의 24시간에 맞춰서 움직여요. 시간대가 바뀌면 몸에 혼란이 생겨요. 낮에 출발해서 밤이 될 시간인데 도착지가 낮이면, 몸은 밤에 맞춰졌는데 낮 생활을 해야 해요. 반대도 마찬가지죠.

✈ 시차 때문에 생기는 신체의 변화, 시차증

피곤하고, 잠을 제대로 잘 수 없고, 소화가 되지 않고, 면역력이 떨어져서 감기에 걸리고, 짜증나고, 우울하고, 기억력이 떨어지기도 하죠. 시간 차이에 몸이 적응하는 시간은 오래 걸리기 때문에 정상으로 돌아오려면 며칠에서 길게는 몇 주가 걸리기도 해요. 이를 시차증(제트래그)이라고 해요.

시간은 동쪽이 빠르고 서쪽이 늦어요. 동쪽으로 여행하면 시차증이 더 심해져요. 태양의 방향을 거스르는데다 우리 몸의 생체 시계가 더 빨라지기 때문이에요. 서쪽으로 여행하면 생체 시계가 늦어지기 때문에 빠른 것보다는 시차증이 덜해요. 우리나라에서 서쪽인 유럽보다 동쪽인 미국으로 여행하면 시차증이 더 많이 발생해요.

✈ 하루가 가장 빨리 시작하는 곳

날짜의 기준은 날짜변경선을 따라 정해져요. 영국 런던의 그리니치 천문대가 있는 곳이 경도 0도이고, 지구 반대편으로 돌아 경도 180도 지점을 날짜변경선이라고 해요. 이 날짜변경선을 기준으로 지구가 15도씩 돌아가면 1시간씩 더해지는 것이죠. 날짜변경선 바로 옆에 있는 남태평양의 키리바시라는 섬나라는 세계에서 가장 먼저 날짜가 바뀌는 곳이랍니다.

그리니치 천문대 위치

그리니치 천문대

ⓒ 임유신 조문곤 2017

초판 1쇄 | 2017년 5월 22일
초판 2쇄 | 2018년 10월 9일

지은이 | 임유신 조문곤
펴낸이 | 정미화 기획편집 | 정미화 정일웅 이수경 디자인 | 김현철
펴낸곳 | (주)이케이북 출판등록 | 제2013-000020호 주소 | 서울시 관악구 신원로 35, 913호
전화 | 02-2038-3419 팩스 | 0505-320-1010 홈페이지 | ekbook.co.kr 전자우편 | ekbooks@naver.com

ISBN 979-11-86222-14-0 74550
ISBN 979-11-86222-02-7 (세트)

* 이 도서의 국립중앙도서관 출판예정도서목록(CIP)은 서지정보유통지원시스템 홈페이지(http://seoji.nl.go.kr)와
  국가자료공동목록시스템(http://www.nl.go.kr/kolisnet)에서 이용하실 수 있습니다.(CIP제어번호: CIP2017010688)
* 이 책은 저작권법에 따라 보호받는 저작물이므로 무단 전재와 복제를 금합니다.
* 이 책의 일부 또는 전부를 이용하려면 저작권자와 (주)이케이북의 동의를 받아야 합니다.
* 잘못된 책은 구입하신 곳에서 바꾸어드립니다.